唤醒老玩家回忆的游戏往事
点燃新玩家热情的行业秘闻

电子游戏
商业史

王亚晖 著

人民邮电出版社
北京

图书在版编目（CIP）数据

电子游戏商业史 / 王亚晖著. -- 北京：人民邮电出版社，2023.4
　ISBN 978-7-115-59506-5

　Ⅰ.①电… Ⅱ.①王… Ⅲ.①电子游戏-历史 Ⅳ.①G898.3

　中国版本图书馆CIP数据核字(2022)第107759号

内 容 提 要

本书是研究电子游戏产业发展史的通俗读物。书中通过梳理游戏机与电子游戏的发展历程，结合经济、技术、文化等领域，从多种视角深入分析了电子游戏行业背后的影响因素与发展规律，讲述了游戏行业的盈利模式，以及各种模式中的变化与创新。此外，本书还重点探讨了中国游戏产业中网络游戏、网页游戏、手机游戏等行业的发展情况与商业模式，分析了中国游戏产业特有的商业模式，为国内外相关从业者提供了参考。本书适合游戏开发者、游戏投资者、游戏玩家以及相关研究者阅读，也可作为了解游戏产业概况的普及读物。

◆ 著　　　王亚晖
　责任编辑　武晓宇
　责任印制　胡　南

◆ 人民邮电出版社出版发行　北京市丰台区成寿寺路11号
　邮编　100164　电子邮件　315@ptpress.com.cn
　网址　https://www.ptpress.com.cn
　三河市君旺印务有限公司印刷

◆ 开本：720×960　1/16
　印张：14.75　　　　　　　2023年4月第1版
　字数：202千字　　　　　　2023年4月河北第1次印刷

定价：88.80元

读者服务热线：(010)84084456-6009　印装质量热线：(010)81055316
反盗版热线：(010)81055315
广告经营许可证：京东市监广登字20170147号

Introduction 序言

我的第一本讲述中国游戏产业的书——《中国游戏风云》于 2018 年出版，2022 年再版，主要讲的是中国游戏产业的历史。很多读者读完那本书以后，问了我一个相对专业的问题：游戏行业到底是怎么赚钱的？这就是我写这本《电子游戏商业史》的主要原因——为读者讲清楚游戏行业诞生至今盈利模式的变迁。如今的游戏行业为什么这么赚钱？前人到底经历过什么？这些问题的答案都能在本书中找到。

关于本书内容有以下几点说明。

在传统游戏媒体里，电子游戏一般指的是主机游戏，而 PC 游戏不包含在其中，我在本书中并没有按照这种方法做严格区分，而是尽可能直接写主机游戏或者 PC 游戏。这是因为对于非传统游戏媒体的读者来说，传统游戏媒体的区分方式过于模糊。

在游戏公司和游戏名称的选择上，我遵循了以下原则：以传统游戏媒体和游戏玩家主要使用的名称为主，比如街机游戏公司 Taito 就直接使用了英文名称，有些媒体和出版物会使用"太东"这个名字，但其实哪怕在日本也几乎见不到使用该名字的译法，所以本书不采用；如果有官方中文名，以官方名称为先，比如南梦宫和卡普空都有官方提供的中文名，并且这个中文名使用范围较广，大部分游戏玩家清楚其所指代的公司；尽量避免会产生歧义的译名和简写，比如 PlayStation，我在全书都使用了全称，没有选择应用更为广泛的简写 PS，是因为不了解游戏的读者在阅读时，可能会误解这里的 PS 的意思。

  本书中，除网页游戏和手机游戏这两个和中国游戏产业息息相关的重要部分以外，其余部分对中国游戏产业的描述并不多。如果读者想了解更多关于中国游戏产业的内容，可以阅读《中国游戏风云》。

Contents 目录

第 1 章　黎明之前和街机市场　　001
　　早期市场　　002
　　街机市场　　007

第 2 章　家用机和雅达利冲击　　029
　　家用机的大航海时代　　030
　　雅达利冲击　　034

第 3 章　任天堂重塑市场　　045
　　早期的任天堂　　046
　　Family Computer　　050

第 4 章　主机大战　　　　　　　　　　059

为什么会有主机大战　　　　　060
第四世代　　　　　　　　　　061
第五世代　　　　　　　　　　071
第六世代　　　　　　　　　　084
第七世代　　　　　　　　　　090
第八世代　　　　　　　　　　094
第九世代　　　　　　　　　　099

第 5 章　PC 游戏和网络游戏　　　103

不同市场的 PC 游戏　　　　　104
特殊的 PC 游戏：RTS　　　　108
早期网游市场　　　　　　　　112
中国网游和"开箱子"　　　　127

第 6 章　网页游戏和手机游戏　　　137

网页游戏的繁荣和没落　　　　138
早期手机游戏市场　　　　　　150
智能手机　　　　　　　　　　155
中国手机游戏　　　　　　　　160

第 7 章　Steam 和 3A 游戏　167

Steam 的成功和挑战　168

3A 游戏市场　180

游戏公司的自救方法　188

第 8 章　电子竞技　197

爱好者时代　198

商业化时代　201

第 9 章　未来市场　211

云游戏　212

VR/AR　217

元宇宙　223

可确定的未来　225

第1章

黎明之前和街机市场

早期市场

人类之所以能站上地球生物链的最顶端，最主要的原因是拥有可以进行复杂运算的大脑。大脑帮助人类在和其他生物的角逐中获胜，但它也无法夜以继日、不知疲倦地工作。它和人的身体一样，需要休息。对于人类的大脑来说，非常重要的一种休息方式是娱乐，而游戏，正是人类让大脑减压休息的娱乐方式之一。

我们所熟知的棋牌和体育运动，都是游戏的一种。

游戏本质上是一种规则，而规则这种无形的存在很难直接产生收益。所以游戏虽然诞生的时间早，但是一直没能商业化，一直到20世纪，以体育赛事为主的游戏才开始全方位盈利。如今，随着电子游戏产业越来越发达，游戏领域出现了新的摇钱树，一个上千亿美元产值的庞大产业正一步步影响人们生活的方方面面。

一切还是要从最开始说起。

电子游戏的最早记载是在1948年，物理学家小托马斯·T. 戈德史密斯（Thomas T. Goldsmith Jr.）和埃斯特尔·R. 曼（Estle R. Mann）开发了一款名为"阴极射线管娱乐装置"（Cathode-Ray Tube Amusement Device）的电子产品。这款电子产品已经具备一些可交互的娱乐性，所以被认为是电子游戏的雏形。几年后的1951年，出现了一款使用灯光做交互的游戏《尼姆》（*Nim*），规则为两个人分别在几堆硬币里取硬币，每人每次可以取一枚或一枚以上，取到最后一枚的人为胜者。同样是在1951年，知名的计算机科学家克里斯托弗·斯特拉奇（Christopher Strachey）尝试开发了一款叫《英国跳棋》（*English Draughts*）的游戏，但受限于硬件平台 Pilot ACE 的能力，成品的可玩性不高。1952年，剑桥大学的计算机科学家亚历山大·S. 道格拉斯（Alexander S. Douglas）开发了一款名为 *Noughts & Crosses* 的游戏，这款游戏初步具备了之后我们所理解的游戏产品的模式，也是游戏产品的精髓——竞技和博弈。

这几款产品的设计本质上并不是为了娱乐，只是为了对早期计算机原型产品的交互模式进行探索，对于庞大而昂贵的计算机究竟能干什么，当时没人说得清楚。

1958 年，第一款真正的电子游戏产品出现了，设计者是曾经参与过美国第一颗原子弹设计的物理学家威廉·希金博特姆（William Higinbotham），这款游戏叫作《双人网球》（*Tennis for Two*）。在游戏开发完成后，美国政府付给了希金博特姆一笔非常微薄的费用，使得他既没有给这款产品申请专利，也没有销售它，而是将之放置在了美国布鲁克海文国家实验室，供参观者使用。1958 年 10 月 18 日，展示第一天就有数百人排队希望玩到这款游戏，而这款游戏的火爆甚至在一定程度上缓和了周围牧场主和布鲁克海文国家实验室的关系。但实验室的管理者觉得用如此昂贵的设备展出一款并不好玩的产品没有太大意义，就在两个季度以后将其拆除了。直到 2008 年《双人网球》诞生 50 周年时，布鲁克海文国家实验室动用了 200 人，耗费 9 个月的时间将这款游戏复原，人们才得以再一次见到这款游戏的原貌。

《双人网球》错过了游戏第一次成为商业产品的机会，毕竟在当时也没人能想到这是个可以赚钱的生意。

让电子游戏走入人们生活的故事要从一个年轻人说起。1938 年 10 月，一个名叫 Rudolf Heinrich Baer 的德国少年逃往美国，并改名为 Ralph Henry Baer，即拉尔夫·亨利·贝尔。

拉尔夫·亨利·贝尔出生于 1922 年 3 月 8 日，双鱼座，按照中国传统历法来说，生于农历壬戌年，属狗。如果当年的贝尔只是为了在美国混口饭吃，那么他就会和芸芸众生一样，默默无闻地度过自己的一生。事实上，作为一个落魄的少年，贝尔也没有想到未来会凭借一己之力改变世界娱乐和电子产业的格局。

20 世纪 60 年代，大洋彼岸的美国已经有超过 4000 万台电视机。供职于美国国防承包商 Sanders Associates 的贝尔认为这其中有极大的商业想象空间，至少是有商机可寻的。深思熟虑一番后，贝尔认为可以把电视上的 3 号和 4 号频道改为游戏频道，他也预想了很多游戏类型，包括动作类、解谜类、教育类和体育类。

贝尔在同事鲍勃·特伦布莱（Bob Tremblay）、比尔·哈里森（Bill Harrison）、比尔·鲁西（Bill Rusch）三人的帮助下，拿到了来自主管赫伯特·坎普曼（Herbert Campman）的 2500 美元的资金支持，于 1966 年 9 月到 1967 年 2 月开发出了"Brown Box"（棕盒子）原型机。这是人类历史上第一台商业化的游戏机，这台原型机现今陈列在华盛顿哥伦比亚特区的美国历史博物馆中。这台机器的很多重要设计延续至今，比如核心器件被装在一个小盒子里；比如第一次拆分主机和手柄，在这之前甚至之后的很多机型，用户都要在主机上操作游戏；比如这台游戏机可以接到电视机上，而不用为其配备一个专业的显示设备或者示波仪。

在完成原型机后，Magnavox 公司的市场营销副总裁格里·马丁（Gerry Martin）找到了贝尔，并且合作开发出了第一代游戏主机米罗华奥德赛（Magnavox Odyssey），型号为 1TL200。1972 年 5 月 24 日，该游戏机正式对外演示，9 月游戏机正式上市，售价 99 美元，配有之后玩家熟知的光枪配件。截至 1975 年第一代游戏机停产，1TL200 总共销售了 35 万台主机和 8 万把光枪，同时搭配主机共推出过 28 款游戏，其中 13 款是随主机发售，1 款为玩家填写意见卡后赠送，4 款随光枪发售，6 款为 1972 年独立发售（单款 5.49 美元或者打包 24.99 美元），最后 4 款为 1973 年独立发售。后续机型米罗华奥德赛^2（Magnavox Odyssey^2）在 1978 年推出，总销量超过 200 万台。这两款机型的销量虽然无法和后续其他公司的机型相提并论，但特殊的历史意义让其成为游戏机史上最重要的两款产品，而销量不够理想的原因是很多消费者误以为这款产品必须在 Magnavox 牌的电视机上使用，甚至一些导购人员也这么认为。

贝尔因为发明了这台游戏机,于 2006 年 2 月 13 日获得了美国国家技术奖的奖章,2010 年 4 月入选美国发明家名人堂,成为社会公认的"电子游戏之父"。2014 年 12 月 6 日,贝尔辞世,享年 92 岁。

图 1-1 米罗华奥德赛
图片来源:The Vanamo Online Game Museum,已进入公共领域

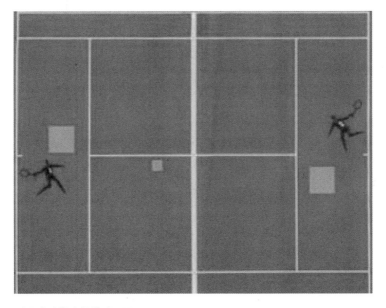

图 1-2 米罗华奥德赛的游戏画面
注:当时的游戏需要配合实体道具来玩,不是纯粹的电子产品。

1971年3月，Sanders Associates为米罗华奥德赛申请了专利，并于1973年4月17日正式获得专利，专利号为US3728480，内容为"电视游戏与训练装置"（Television Gaming and Training Apparatus）。申请专利时，审查人员质疑过这种产品是否能够被算作专利，但玩过游戏后十分着迷就接受了申请。不过，这个专利为之后的游戏产业埋下了一个隐患。

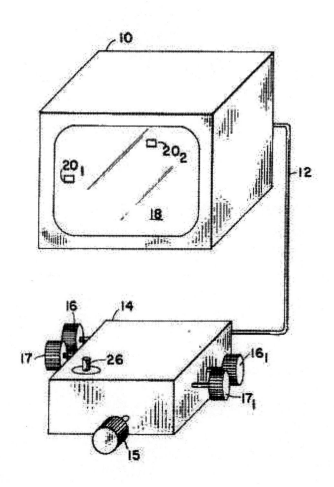

图1-3 米罗华奥德赛的专利图

Magnavox 和 Sanders Associates 在之后的十几年间陆续起诉了包括雅达利和 Activision 在内的十几家游戏公司，总共获得了超过 1 亿美元的专利赔偿。1985 年任天堂曾经反诉 Magnavox，主张第一款视频游戏应该是前文所提到的希金博特姆的《双人网球》，要求废除这个损害行业发展的专利。但法官认为《双人网球》并不是在电视机上玩的游戏，所以驳回了任天堂的请求。一直到 1993 年专利到期前，非常多的游戏机公司在给 Magnavox 和 Sanders Associates 缴纳专利费。关于这段版权纠纷，任天堂美国区总裁霍华德·林肯（Howard Lincoln）形容道："Magnavox 的业务不是做游戏，而是起诉那些做游戏的人。"

Magnavox 的版权纠纷虽然很大程度上影响了产业的发展，但并没有阻止产业的前进。

在这个时代，电子游戏尚不能完全称为产业。一是因为产业形态极其单一，米罗华奥德赛对市场的把控力过强，市场非常缺乏竞争；二是更为重要的一点，当时市场完全没有区分软件和硬件行业，所谓游戏公司本质上还是硬件电子公司，靠着打包销售游戏赚取利润，这种情况持续了很多年。

街机市场

在正规电子游戏市场里，街机（Arcade Game）的重要性经常被忽视，但街机才是电子游戏市场的开端，如果没有街机，那么游戏也不会实现商业化。

提到街机，必须要提到日本。

大到国家经济，小到艺术品和科技产品，日本一直是全世界的"异类"。虽然是发达国家，但强烈的东方文化印记决定了其和欧美国家在文化层面截然不同，而在亚洲，日本又因为经济和科技的发展程度较高，所以看起来格外特别。在游戏产业中也是如此，其中街机产业是日本整个游戏产业的缩影。

迈克尔·科根（Michael Kogan），1920年出生在苏联军事重镇敖德萨。20世纪30年代，欧洲冲突频起，科根一家被迫搬离敖德萨，最终落脚在哈尔滨。1938年，科根留学日本，就读于早稻田大学经济系。几年后，他来到中国的另一个外贸口岸天津，创建了他的第一家公司太东洋行，主要为亚洲东部提供贸易服务。这个太东洋行就是街机游戏公司Taito的前身。1948年，受战争的影响，科根的事业受到重创，他最终在1950年前往东京。

1952年，科根在空手道馆认识了只有23岁的中西昭雄，极为投缘的两人成了商业上的合作伙伴。1953年，太东洋行更名为太东贸易株式会社，商标也换成了英文标识Taito。

1954年，科根在日本获得了极好的口碑，成为日本大大小小商界活动的座上宾，进而迎来了事业高峰。同年，一名叫作大卫·罗森（David Rosen）的美国人创建了一家名为Service Game Company的公司。尽管这家公司的注册地在日本，但产品的研发和生产都在美国，产品的销售地也主要为美国本土和美国在日本的海军基地。这家公司就是后来的世嘉（SEGA）。

说起Taito和世嘉的故事，还要提到另外一家公司，这家公司名为Gottlieb，是现代弹珠机发明者大卫·戈特利布（David Gottlieb）创建的公司。这家公司的产品一经上市就在美国市场引起了轰动，该公司也成为热门娱乐公司之一。虽然弹珠机的历史非常悠久，但之前弹珠机的娱乐性并不强，戈特利布做了一个开创性的发明，就是在弹珠机最下面加上了一个电动机械挡板，玩家可以在一定程度上控制弹珠，这一下子丰富了弹珠机的玩法。

弹珠机最早以美国的酒吧为主要销售对象，到了1947年，Gottlieb的Humpty Dumpty机型上市以后，弹珠机就成了美国酒吧里的必备品，和点唱机、台球桌一样，成了评价一家酒吧最基本的标准。时至今日，我们在美国的一些怀旧老酒吧仍然能看到老式的机械弹珠机。事实上从1940年开始，弹珠机在美国就不是完全合法的，甚至在一些州，玩弹珠机被认为是一种赌博行为。但这没能阻挡美国年轻人玩弹珠机的步伐，伴随着 20 世纪 70 年代美国朋克和摇滚运动的浪潮，弹珠机被一同合法化了。

现在回过头去看，虽然弹珠机不是电子游戏，但在那个时代提供了一种电子竞技的雏形。第二次世界大战前美国就出现了专门的弹珠机比赛，年轻的小伙子很乐于向女孩子炫耀自己玩弹珠机的水平，和现在的年轻人打游戏一模一样。青春是相似的，只是热衷的事物有所差别。

科根和罗森都嗅到了弹珠机背后的商机，但是两人做出了截然不同的举动。科根的选择是从 1958 年开始代理 Gottlieb 在日本的销售权，而罗森的选择是研发自己的产品。到了 1960 年，两人创建的公司都成了同行业的世界级大公司，1964 年的东京奥运会还促使两家公司共同出资成立了株式会社奥林匹亚，共享全球的销售资源。虽然奥林匹亚公司的好日子没有过多久，但其核心团队创立了日本柏青哥①巨头 SAMMY。日后柏青哥成为日本一批游戏公司的"印钞机"，包括科乐美在内的很多公司都有自己的柏青哥游戏。

1966 年开始，世嘉彻底把 Taito 甩到了身后。这一年，世嘉的 Periscope 弹珠机上市，世嘉迅速成为全世界最大的弹珠机公司，全年销售额超过 100 亿日元。Taito 虽然是世界第二大弹珠机公司，但整体规模和世嘉不在一个量级上。与此同时，这两年日本整个电子行业的激进式创新开启，Taito 和世嘉又投入了另一个市场——抓娃娃机。最终的胜者还是世嘉。

让 Taito 迎来辉煌的是大洋彼岸的美国。

在计算机行业的发展历史上，有两所学校从未缺席，一所是孕育了惠普、苹果，甚至整个硅谷的斯坦福大学；另一所便是美国科技皇冠上最耀眼的宝石——麻省理工学院。在 20 世纪 60 年代，麻省理工学院里风靡 Hack

---

① 日文为パチンコ，就是国内所说的"老虎机"。

文化，也就是敢于用天才头脑挑战传统思想，而一些学生也自诩为 Hacker，就是中文所说的"黑客"。其中最早一批工学院的学生组成了世界上最早的黑客组织"铁路模型技术俱乐部"。

1961 年，"铁路模型俱乐部"的成员史蒂夫·拉塞尔（Steve Russell）受到美国知名科幻作家爱德华·艾默·史密斯（Edward Elmer Smith）的作品《透镜人》和《云雀》的启发，在马丁·格雷茨（Martin Graetz）和韦恩·威特奈（Wayne Wiitanen）的帮助下设计了一款叫作《太空大战》（*Spacewar!*）的游戏。

这款游戏所在的平台为 PDP-1[①] 小型机。在这个机型上开发的主要原因是当时其他平台基本用打孔机和磁带来作为交互设备，没有真正意义上的视觉表现能力，而 PDP-1 是市面上不多的有显示设备的早期计算机之一。麻省理工学院的这台计算机，来自 DEC 公司创始人肯·奥尔森（Ken Olsen）的捐赠。正因为有视频交互这一点，这款游戏做了很多奠定未来游戏行业基调的设计，比如加入了游戏背景——游戏里用真实的星图作为玩家的背景；比如有资源限制——游戏里的鱼雷和燃料都是有固定数量的；比如加入了很多增强游戏性的小设计——游戏里有空间跳跃功能和针对不同星球的引力区别。关于这些设定的加入，参加了游戏开发的格雷茨于 1981 年表示，他们希望"将计算机的能力发挥至极限；在固定架构中，每次执行结果不同；能让玩家觉得这是个有趣的游戏"。这三句话其实指的就是：保障游戏的画面水平，增强游戏的耐玩性，提高游戏的趣味性。这三条可以说是游戏设计的金科玉律。

当时主要作为科研用途的 PDP-1 售价达到 12 万美元，相当于现在的 70 万～80 万美元，远不是一般人能够消费得起的，因此这款游戏只能在大学和科研机构内部小范围流传。现在世界上唯一一台仍然可以使用的 PDP-1 被存放在美国加州山景城的计算机历史博物馆内，展示着《太空大战》这

---

① Programmed Data Processor-1，程序数据处理机 1 号。

款游戏。

1962年，诺兰·布什内尔（Nolan Bushnell）玩到了《太空大战》，这给他留下了极其深刻的印象。布什内尔大学期间一直在弹珠机房打工，对此有着极大的热情，在那时他就想：如果把《太空大战》做成类似弹珠机的机器应该会很受欢迎。1968年，布什内尔进入了录像带的发明公司Ampex工作，但没多久就选择自己创业。

伴随着美国的创造力从东岸逐步转移到西岸，硅谷开始成为世界科技行业中心，布什内尔和自己的前同事泰德·达布尼（Ted Dabney）创建了一个叫作Syzygy的小工作室。但是，这个所谓的工作室其实就在他拥挤不堪的家。因为条件实在太差，布什内尔不得不把自己年幼的女儿送到姐姐家暂时托管，而女儿腾出来的房间就是布什内尔事业的起点。是的，这并不是一个标准的车库故事，这个故事的源头是婴儿房。很快，布什内尔就和加州的游戏机生产厂Nutting Associates合作开发了自己的游戏产品《电脑空间》（Computer Space）——一款模仿《太空大战》的街机游戏。这是世界上较早的商业电子游戏街机之一，更重要的是，这款产品开启了电子游戏商业化的道路，让电子游戏成为一种商品，这一点领先于米罗华奥德赛。① 可是《电脑空间》没能复制米罗华奥德赛在家用机市场的成功效应，上市后销量不尽如人意，很多玩家认为这款游戏太复杂了，当然，这是相比较弹珠机来说的。事实上几年后的1976年，麻省理工学院的毕业生拉里·罗森塔尔（Larry Rosenthal）通过一家叫作Cinematronics的公司发行过一款类似《太空大战》的游戏，该游戏也成为非常畅销的美国街机游戏之一。只能说布什

---

① 之所以强调电子，是因为早在1871年就有了纯机械的弹珠机，被称作Redgrave，这类大型娱乐器械有一个专有名词叫作Amusement Machine，简称AM。1888年，德国人斯托威克制作了一个投币之后会"下蛋"的机器，开创了自动投币游戏的先河，之后陆续出现了投币八音盒、投币放映机等设备。到一战后投币弹珠机突然爆红，以投币弹珠机为基础，又发展出了枪战、投篮等有明显对抗性和竞技性的游戏模式。进而在二战前后，美国出现了大量的Game Center（游戏中心），这是一个专门提供自助式游戏服务的场所，类似中国后来的街机房。苹果的Game Center这个词其实就源于这里。当然，日后把这个产业做大的还是日本人，日本人做的弹珠机"柏青哥"时至今日依然是世界上最赚钱的一类AM。

内尔没有赶上好的时间点,很多时候最先吃螃蟹的人都不是吃得最开心的那一个。

图 1-4　1972 年,雅达利最早的一张宣传海报

1972 年，布什内尔和达布尼花了 500 美元正式注册了自己的公司 Atari，中文被称作雅达利，取这个名字是因为当时工作室的名字 Syzygy 已经被人注册了，而布什内尔是个十足的围棋迷，Atari 是日语"当たり"（叫吃）的音译。

这一年是电子游戏产业的起点。在公司化运作的同时，布什内尔和员工艾伦·奥尔康（Allan Alcorn）一同开发了游戏行业的里程碑式街机作品 Pong。奥尔康是雅达利的第一个工程师，最早进入公司是打算开发一款模拟驾驶游戏，但因为难度太高就先开发了模拟乒乓球的游戏 Pong[①]。Pong 的玩法非常简单，两名玩家分别控制屏幕两侧的两条线——这是球拍，中间有一个白点——这是球，如果对方无法击打到球那么自己得 1 分，先得到 11 分的玩家获胜。这个现在看起来简单的游戏，是当时全世界最火爆的娱乐产品之一。1972 年正好是中美"乒乓外交"后的第一年，这在美国也是头版新闻。因此这款有乒乓球背景、操作简单且最多四人参与的街机游戏，在美国也受到了意想不到的追捧。当时第一款运行 Pong 的机器被放在了加州森尼韦尔（Sunnyvale）的一家名为 Andy Capp's 的酒吧里，两天后店主打电话来说机器无法运转了，等到工作人员过去查看的时候才发现，居然是因为硬币塞满了整个机器，一共有超过 1200 枚 25 美分的硬币！这件事让布什内尔的团队对未来充满了信心，他们先从银行拿到了 5 万美元的贷款，并用这笔钱租下一个废弃的溜冰场。这个溜冰场成为公司最早的办公场所。

Pong 为雅达利带来了极其丰厚的利润。这台机器的售价达到 1200 美元，和当时大部分桌上游戏机相比属于绝对的奢侈品，但销量极好，1973 年销量

---

① 雅达利在当时也被 Magnavox 起诉过，而且这个起诉"铁证如山"。Magnavox 在 1972 年 5 月，也就是雅达利成立一个月前在加州组织过一次展会，其中包括一款和 Pong 很像的游戏《乒乓》，而之所以说"铁证如山"是因为签到册上有布什内尔的名字，布什内尔也承认他确实在现场玩了半个小时这款游戏。最终雅达利赔偿了 Magnavox 75 万美元。当然这个故事还有后续，1976 年，奥德赛的设计者贝尔在另外一个游戏展会上看到了布什内尔设计的 Touch Me 的掌机游戏，之后模仿制作了名为 Simon 的产品，结果布什内尔又起诉了贝尔。

达 2500 台，1974 年达到了 8000 台，这些利润足以让雅达利招募更多工程师来开发更多的新产品。在 Pong 整个的生命周期里，雅达利一共销售了约 10 万台 Pong 街机，在游戏史上留下了浓墨重彩的一笔。

雅达利并非就此一帆风顺，此时甚至遇到了一个布什内尔从未想到过的问题。创业初期雅达利资金匮乏，同时对版权制度了解不足，导致 Pong 的专利被别人抢注。而且当时因为美国没有关于软件和游戏产品的明确法规，所以很难通过法律手段解决这个问题，即使可以解决，所需时间太长，创业公司也拖不起。于是雅达利只能选择快速推出新产品，加快创新的步伐。

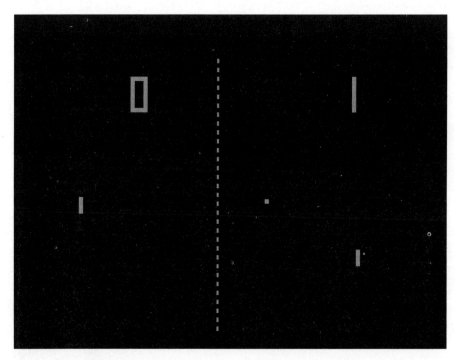

图 1-5　*Pong* 的游戏画面

Pong 的火爆引起了 Taito 和世嘉的注意。第一个做出反应的是 Taito 的西角友宏。西角友宏几乎是在第一时间接触了雅达利，并且顺利谈拢了代理，

但是成本过高，加上税费和需要占用的资金，一台 Pong 的成本高达数十万日元，远高于美国本土的制作成本。为了分担风险，西角友宏找到了世嘉，最终两家公司共同合作代理。Pong 在日本上市后，很快就卖了数千台，让 Taito 的股东和高管无比震惊。于是 Taito 决定开始研发自己的街机产品，这个重担自然就落到了西角友宏的肩上。

西角友宏在此之前分别在 1970 年和 1971 年为 Taito 开发了《天空战士》（Sky Figher）和《天空战士 2》（Sky Figher 2）两台街机，其中《天空战士 2》的销量最终突破了 3 万台，是第一款引爆日本市场的电子街机。Taito 也由此确信街机市场这条道路大有可为。当然，《天空战士 2》从严格意义上来说并不是一款纯电子化的产品，它用电影胶片作为背景，而前景的战斗机其实是实物。这时日本厂商的电子技术要远远落后于美国，不过这个落后的阶段并未持续太久。

接到研发街机产品的任务后，西角友宏做的第一件事情就是拆了 Pong。西角友宏和团队花了数月时间绘制出 Pong 的电路图，然后基于这张电路图，在 Pong 的两个板子边上各加了一条竖线，同时后面又加了一张网，使之摇身一变，成了一款足球游戏。当时游戏产业的版权意识非常薄弱，所以这种在今天看来有明显抄袭嫌疑的行为在当时既没有受到法律的惩罚，也没有引起玩家的谴责。电子行业互相借鉴其实非常普遍，尤其是在那时的日本电子业界，一家公司生产出某个产品以后，立刻就会有成批的跟进者制作相似的产品。这款足球游戏还被 MIDWAY 引进到北美市场，也是第一款在北美正式销售的日本街机。美国的街机玩家和从业者可能都没有想到，这仅仅是一个开始，远在千里之外，一只"巨兽"正对其虎视眈眈。

西角友宏显然不满足于只做一款 Pong 的模仿品，于是又一部游戏产业的里程碑式作品《太空侵略者》（Space Invaders）应运而生。

《太空侵略者》制作期间，正是《宇宙战舰大和号》和特摄片在日本最火的年代。如果让美国人做的话，应该会做成一款西部风格的游戏——那时美国本土公司的射击游戏确实以西部风格的游戏为主。1975 年，Taito 就专门为美国市场制作了一款西部射击游戏 *Gun Fight*。一直到 1977 年《星球大战》正式上映，美国的科幻主题游戏才开始占领主流市场。

图 1-6　Taito 另外一款西部射击游戏 *Western Gun* 的海报

因为表现力有限，所以当时的射击游戏虽然都和射击有关，但有趣的是，从制作角度来说这类游戏最核心的玩法不是射击，而是躲闪。日后所有射击类游戏最大的变化，是随着显示效果的提升和交互方式越来越多样，游戏的本质终于开始转向射击本身。

《太空侵略者》在经济上创造了街机行业的一个新的高点，如果说 *Pong* 是街机行业的起点，那么《太空侵略者》则让街机成了电子游戏史上的第一台"印钞机"。《太空侵略者》上市一年后，一共卖出了 10 万台，创造了总计 6 亿美元的收入，这个收入震惊了全世界的娱乐业和电子业从业者，甚至在一定程度上刺激了日本的电子和文化产品统治欧美市场。到了1980年，《太空侵略者》在日本的销量达到30万台，在美国的销量达到6万台，当年销售收入超过10亿美元，这个数字超过那一年全美国电影票房的三分之一，并且这还是在单价已经降至2000～3000美元的情况下取得的成绩。

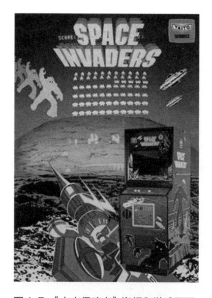
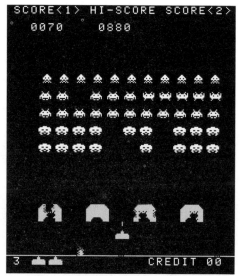

图1-7 《太空侵略者》海报和游戏画面

《太空侵略者》使得市场上一下子涌现出大量类似的游戏，其中的佼佼者就是南梦宫的《小蜜蜂》(*Galaxian*)①。相比较Taito，南梦宫的技术实力明显更强，做出来的游戏画质也要更加出色。南梦宫当时制作的游戏甚至已经完全不像那个时代的作品，以至在之后很多年的时间里，很多从业者认为南梦宫代表了街机市场的最强技术。与此同时，由《星球大战》带起的"宇宙热"开启，1982年《小蜜蜂》在北美市场就卖出了4万台，而续作《大蜜蜂》(*Galaga*)销量虽然不及前作，但画质上有了明显提升，再次震惊了从业

---

① 当时的玩家觉得该游戏的飞船长得像蜜蜂，所以将该游戏称为"小蜜蜂"，这个译名之后一直延续了下去。

者。《小蜜蜂》的销量没有超过《太空侵略者》,很重要的原因是两款游戏的销售间隔时间非常尴尬。如果早一两年《太空侵略者》没有大范围铺货,那么《小蜜蜂》一定可以卖得更好,而在《小蜜蜂》上市时大部分商家已经买了《太空侵略者》,可能还不止一台,并且买的时间还没多久,肯定不会立刻替换掉。时至今日,上市时机仍然是街机厂商要仔细考虑的问题,产品好坏虽然重要,但有时候上市时机可能更重要。

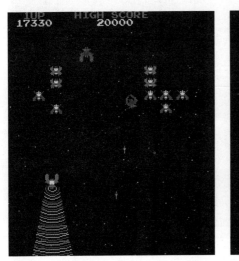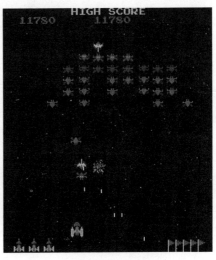

图 1-8 《小蜜蜂》(左)和《大蜜蜂》(右)两款游戏连续挑战了当时街机的画质极限

日本街机行业的繁荣与日本的现金体系也有关。日本有一套非常特殊的现金体系,其中最重要的就是 100 日元硬币的存在。100 日元是日本流通率最高的面额,而且在 1994 年废除 500 日元以下面额的纸币后,100 日元硬币成了使用率非常高的硬币。100 日元这个金额不高不低,正好是大宗消费的最低基数,比如买一瓶软饮一般是 200~500 日元,一份盒饭大概是 500~800 日元,100 日元用起来非常方便。但 100 日元的便利性也导致了硬币的泛滥,去日本旅游过的人应该都有切身体会,最后手里会剩下一大堆硬币,尤其是 100 日元的硬币。所以日本实体经济中有一些行业就围绕这个

100 日元做文章，帮助大家消耗 100 日元硬币。最为人所熟知的就是自动贩卖机，在 2018 年，日本有 2 937 800 台自动贩卖机，年销售额 600 亿美元，数量占了全世界自动贩卖机的四分之一，比整个欧盟的自动贩卖机数量都多。① 这还不是自动贩卖机数量的历史最高点，在 21 世纪初期，日本自动贩卖机曾经超过 500 万台。日本自动贩卖机之所以如此普遍，很重要的一个前提就是日本的 100 日元硬币用起来非常方便，一方面人们手里都有大量的 100 日元硬币，另一方面找零也集中在 100 日元上，消费者用起来也方便，所以不排斥。

日本街机行业的繁荣正是得益于 100 日元硬币的大规模使用。《太空侵略者》的火爆创造了一个奇迹，一个世界货币史上的奇迹——原来非常富足的 100 日元硬币出现了明显的短缺。大量玩家用数万日元换取 100 日元硬币去玩《太空侵略者》，导致 100 日元硬币出现严重的流通障碍，连日本政府都始料未及。

除日本市场以外，街机在其他国家的黄金时代都非常短暂，大多未能持续到 20 世纪 90 年代。日本街机市场因为特殊的 100 日元硬币的支撑，不至于全面崩盘，但因为娱乐形式随着社会发展日益多样化，日本的街机行业也远不如曾经那么风光。

很多人在讨论中国游戏产业时，经常会问：为什么中国街机市场没有真正意义上出现？众多原因中非常重要的一点就是中国硬币的流通非常有限，直到 21 世纪以后才开始大规模流通 1 元硬币，并且即便如此普及率仍然不高。这也是在移动支付普及之前，中国自动贩卖机市场同样不好的原因之一。大规模流通的纸币因为涉及验钞和找零这样更复杂的问题，无法适应街机和自动贩卖机的市场。

为了应对硬币面值的问题，街机行业发明了兑换币的系统，让玩家花钱

---

① 数据来自日本自动贩卖机系统工业协会 2018 年末的统计。

直接买对应面额的代币。这个看似并不复杂的设计其实阻断了相当多非核心玩家群体，因为代币在很多国家不允许回兑法定货币，如果可以回兑就涉及赌博问题。在这种兑换币的系统下，玩家一次性换多了只能下次用掉，这让一些玩家干脆不去换代币玩游戏。

街机游戏代理商曾经建议街机游戏厂商直接把游戏的平均时长固定为对应货币的硬币价值，比如25美分差不多相当于100日元的四分之一，那么控制美国玩家每次的游戏时长在日本游戏的四分之一就可以，但这又涉及更复杂的游戏机制问题。对于玩家来说，玩一款游戏最重要的是在投入硬币3~5分钟后的短效成就感，一切阻碍这个成就感产生的内容都应该被删除。与此同时，还要保证玩家初次玩游戏的时间不能过短，否则会让玩家丧失热情。所以，时至今日街机游戏依然要保证最多在10分钟内就给玩家呈现一场画面绚丽的关卡战，同时还要控制好难度，让玩家获得爽快体验的同时，还不会让玩家觉得游戏时间过长或者过短。也就是说，街机游戏是一个需要平衡游戏时间来让玩家消费的游戏类型，所有游戏内容都经过了非常精妙的设计，粗暴地减少游戏时间会让游戏立刻丧失吸引力。20世纪七八十年代日本游戏从业者思考问题的方式和当下我国游戏策划的思考方式很相似，街机做的事情是让更多休闲玩家因为画面和其他噱头来尝试游戏，然后筛选出核心玩家成为其忠实的长期消费者；当下我国游戏策划者做的事情是，通过渠道、IP等因素让玩家尝试自己的游戏，同时让一些愿意投入海量金钱的"鲸鱼玩家"[①]持续消费。

街机玩家的精神非常复杂，他们时常会处于一种多重博弈的状态。一是在比赛分数上要和其他玩家博弈，传统的街机厅里都会有专门的榜单，可以看到其他玩家的分数，这非常刺激人的好胜心。二是和同行人博弈，两个人结伴到街机厅玩游戏，肯定都想成为更强的那一个。三是和街机厅老板的博

---

① 指在游戏中消费额比其他玩家高很多的用户群。

弈，用一个币玩游戏的时间越长，老板的损失越大，玩家的相对收益就越高。这是很多新人玩家会在意与较劲的地方。这种情况导致玩家很容易不理性消费，如果一款街机设计得很有吸引力，同时玩家缺乏自控能力，就会出现很多玩家沉迷其中的情况。[①] 日本的核心街机玩家一个月消费 20 万日元是非常正常的事情，如果是有"扭蛋模式"的街机，月消费 100 万日元级别的玩家也相当多。

我们回到街机市场。

《太空侵略者》之后，另一款引爆市场的街机游戏是《吃豆人》(*Pac-Man*)。《吃豆人》由南梦宫于 1979 年发售，游戏的进攻方式没有采用主流的射击击杀，而是采用了另类的吞噬手法，同时加入了类似迷宫的地图。这些改动让人眼前一亮。

1980 年，《吃豆人》进入美国市场，到 1982 年销量就达到了惊人的 40 万台，是有史以来销量最高的街机，至今未被打破。就连为了迎合女性市场而推出的《吃豆人小姐》(*Ms. Pac-Man*)，销量也达到 12.5 万台，成为游戏史上销量前五的街机。《吃豆人》系列游戏的总收入已经超过 120 亿美元，是游戏史上非常有价值的系列游戏之一。

1982 年 9 月，"吃豆人"张着大嘴的形象登上了 *MAD* 杂志的封面。这一期 *MAD* 的封面故意模仿了《时代周刊》的红色框风格，然而谁也没想到的是，一个月后"吃豆人"真的登上了《时代周刊》的封面，成为第一个登上《时代周刊》封面的虚拟角色。12 月，时任美国总统里根给 8 岁的男孩杰弗里·R. 伊（Jeffrey R. Yee）写了一封信，恭喜他取得了 6 131 940 分并创造了新的《吃豆人》世界纪录……一系列事件证明，当时"吃豆人"这个形象的影响力多么无与伦比。"吃豆人"形象影响力的持续性也非常令人吃惊，2010 年，Google 在《吃豆人》30 周年纪念日时，把自己首页的 logo 改成了交互式的"吃豆人"游戏，全世界有超过 10 亿玩家在当天玩了这款游戏；

---

① 放大游戏的博弈关系是刺激玩家持续游戏和持续付费的手段之一。

2012年,动画电影《无敌破坏王》里出现了《吃豆人》里的反派形象和奖励樱桃;2015年,"吃豆人"这一形象进入好莱坞电影《像素战争》,成为主要反派的同时还登上了封面;2017年,漫威宇宙电影《银河护卫队2》也在片尾致敬了"吃豆人"的形象。可以说,"吃豆人"已经成为美国、日本甚至全世界重要的文化符号之一,也是游戏史上非常成功的形象之一。

《吃豆人》第一次告诉全世界:电子游戏可以成为一种文化现象,除了游戏本身之外,游戏里的形象也可以创造更多的社会价值,甚至作为一种艺术形式存在。

图 1-9 *MAD* 杂志封面上的"吃豆人"

《吃豆人》之后，在"雅达利冲击"（Atari Shock）的影响下，整个游戏市场遭遇雪崩，街机市场逐渐衰落，甚至被很多玩家忽视，但一直到1997年以前，街机在收入方面仍然是游戏市场的绝对王者。随着 PlayStation 2 上市、家用计算机普及，人们的娱乐形式越来越多样，街机市场出现断崖式下跌。至此，游戏市场很长一段时间都没有再出现一个如此高利润的领域，直到中国的"免费"网游出现。

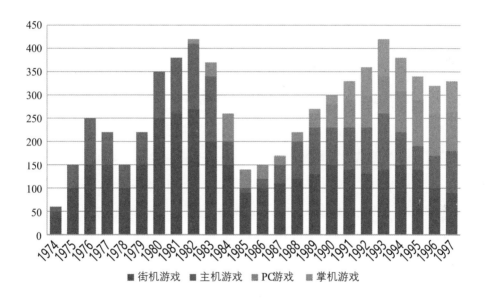

图 1-10　1974～1997 年全球游戏市场总产值
数据来源：数据分析公司 Pelham Smithers

街机行业的衰落和家用机行业的兴盛直接相关。

在任天堂和雅达利时代以前，街机的画质表现力要明显优于家用机，核心原因就是街机价格更贵，投资更多。但进入任天堂 Famicom 时代以后，街机开始逐渐丧失画质上的优势，并被拉开差距，这主要是因为街机公司在电子产品上的技术能力较弱。在 PlayStation 2 时代，街机和家用机在画质上的差距被明显拉大，街机再也没有办法和家用机相提并论。另外，街机为了盈利，大多数游戏难度较高，所以劝退了很多非核心玩家，而家用机的游戏难度适中，更适合大多数玩家。

《超级马力欧》在 Famicom 上爆红是家用机大幅超越街机的标志，当时有很多街机行业从业者认为，《超级马力欧》不适合街机市场，因为过于简单，放在街机上不好赚钱，即便它非常受欢迎。除此以外，家用机和 PC 游戏因为有存档功能，所以可以搭载包括 RPG[①] 在内的复杂游戏类型，这更是分流了一批用户，像《塞尔达传说》和《勇者斗恶龙》这样的游戏很难在街机上运行。

20 世纪 90 年代以后，一台日本的街机框体价格大概是 10 万元人民币，之后开始一路飙升，最近这些年甚至出现了 30 万元人民币以上的街机框体。街机的配件也非常贵，早在 20 年前，一把光枪类配件的价格就在 2000 元人民币以上。维修费用更是高昂，一次返厂的检修就要至少 3000 元人民币，换个配件花上万元人民币也是很正常的。这还是在日本本土的价格，海外的成本会成倍增加。高昂价格的背后是丰厚的利润。如果经营得足够长久，一台正常街机的回本周期大约是一年到一年半，之后的销售所得就都是利润。在街机最辉煌的 20 世纪八九十年代，街机的平均生命周期在 5～8 年，甚至一些非常热门的传统街机在 10 年以后依然有人玩。所以日本现在的街机厅主要是 Taito、世嘉和南梦宫的自营店，既然自己干赚得更多，就没必要让别人赚走。

因为街机的硬件成本过高，20 世纪 90 年代以后，各大街机厂商都开始研究方便替换游戏内容的街机。一是出现了 CPS 这种 ROM 类基板，街机店老板可以把基板寄回给卡普空，卡普空替换 ROM 里的游戏再寄回去。二是鼎鼎大名的 MVS 基板上可以同时插入数个卡带，玩家可以方便

---

① 角色扮演游戏 (Role-playing game)，简称 RPG，常见游戏类型的一种。在游戏中，玩家扮演这个角色，在一个写实或虚构的世界中活动。

地来回切换游戏。现在日本有很多街机用的是家用计算机的框架，成本更低一些。

近些年日本的街机市场又出现了新的盈利点。在日本本土，卡牌游戏有非常好的市场，像《游戏王》《精灵宝可梦》这样的游戏甚至达到家喻户晓的程度，于是街机行业也开始迎合卡牌市场。日本这些年出现了几款爆款街机游戏，像《三国志大战》《Fate/Grand Order 街机版》《龙珠英雄》，玩家可以在游戏里抽卡来换取实体卡，同时也能够将实体卡转换为虚拟卡在游戏里对战。这种非常灵活的游戏方式深受欢迎，很多玩家在游戏里疯狂花钱。但这类街机的推广费用和维护成本都很高，它们没能走出日本市场。

很多人会先入为主地认为日本街机行业是落后的代表，但事实上这个行业并没有那么萧条。这个行业在日本依然有非常庞大的受众群体，游戏也在不停地更新换代，有些新游戏的交互方式更是让人眼前一亮，当然，这也并不代表这个行业就足够健康。

日本有商业学者提出过"加拉帕戈斯现象"。加拉帕戈斯是距离南美大陆约 1000 公里（千米）的火山岛群，岛上的生态环境自成系统。加拉帕戈斯现象指的就是日本社会中存在大量只在日本国内运转的商业模式，和世界是脱节的。游戏市场就非常典型，其中以街机市场为甚。这种现象让与之相关的企业有固守一方的机会，但它们的抗风险能力极差，一旦有外部的强势企业进入，这类企业就很可能在竞争中溃不成军。

026 电子游戏商业史

图 1-11 世嘉的街机图鉴

本章参考资料：

[1] 前田寻之. 家用游戏机简史[M]. 周自恒, 译. 北京: 人民邮电出版社, 2015.

[2] Baer R H. Videogames: In the Beginning[M]. New Jersey: Rolenta Press, 2005.

[3] Wolf M J P. Before the Crash: Early Video Game History[M]. Michigan: Wayne State University Press, 2012.

[4] Kent S L. The Ultimate History of Video Games[M]. New York: Crown, 2001.

[5] タイトー社史編集委員会. 遊びづくり四十年のあゆみ[M]. (株) タイトー, 1993.

第2章

家用机和雅达利冲击

家用机的大航海时代

相较于街机市场，家用机市场更为广阔，也更为人所熟知。

在米罗华奥德赛取得成功以后，全世界的电子公司不约而同地看向了家用游戏机市场。最早行动的是日本玩具公司 Epoch，他们在第一时间接触了米罗华公司，表达了自己的合作意向。米罗华奥德赛十分欢迎这个来自亚洲的伙伴，两家公司在米罗华奥德赛的基础上合作研发了 TV Tennis 主机。TV Tennis 可以完全兼容米罗华奥德赛上的游戏，并且功能更加丰富。这是第一款在日本上市的家用游戏机，上市时间为 1975 年 9 月 12 日，售价 19 500 日元。但这款产品的商业化并不成功，只卖了 1 万台左右，核心原因是 Epoch 缺乏强大的销售网络，人们无论在玩具店还是电子店都找不到这台游戏机，更重要的是这时日本已经开始成为世界电子行业的领先者，日本人甚至不愿意对美国的电子产品投去目光。

20 世纪 70 年代，美国娱乐业市场一片繁荣，电视机几乎走进了所有美国家庭，家用娱乐设施顺理成章地成为一个非常庞大的市场。这个市场中的佼佼者包括世界著名芯片公司仙童半导体，也包括靠着 Pong 赚到第一桶金的雅达利。

1974 年，雅达利靠着家用版的 *Home Pong* 试探了家用机市场，取得了非常不错的结果，让布什内尔和整个雅达利都确信这个市场前途光明，于是开始研发自己的家用机，但是在项目一开始就遇到了一个难以克服的问题：没有钱。

表 2-1　第一世代游戏主机

名称	米罗华奥德赛	TV Tennis	*Pong*	TV Master	Coleco Telstar 系列	Color TV-Game 系列
生产商	米罗华	Epoch	雅达利	Binatone	Coleco	任天堂

（续）

名称	米罗华奥德赛	TV Tennis	*Pong*	TV Master	Coleco Telstar 系列	Color TV-Game 系列
发售价	100～230 美元	19 500 日元	98.95 美元	35 英镑	50 美元	8300～48 000 日元
发售时间	北美：1972 年 8 月 欧洲：1973 年 日本：1974 年	日本：1975 年 9 月 12 日	北美：1972 年（街机）北美：1975 年 12 月（家用游戏机）	北美：1976 年	北美：1976 年	日本：1977 年
媒介	印制电路板	内置芯片	内置芯片	内置芯片	内置芯片（其他）卡匣（街机）	内置芯片
销量	35 万台	1 万台	15 万台	不详	100 万台	300 万台

数据来源：维基百科

　　为了筹措家用机的研发资金，布什内尔把雅达利卖给了华纳。经过数年曲折的研发历程，在 1977 年，耗资超过 1 亿美元的雅达利 2600 上市，但一开始的销售业绩未能让华纳满意。在上市后的第一个圣诞节，雅达利 2600 只卖了 35 万～40 万台，这个数字远远低于华纳的预期。圣诞节假期是美国娱乐业最重要的一段时间，和中国的春节假期相似，家长很愿意给孩子买礼物，游戏机就是那个时代最受欢迎的礼物。在圣诞节前后发售的娱乐产品，一般都能取得全年最好的销售业绩，因此雅达利的销量基本表明这将会是一款失败的产品。

　　但很快雅达利就找到了问题所在，一方面，产品品控有问题，大量流入市场的产品都有着或大或小的问题，严重影响了雅达利 2600 的口碑；另一方面，游戏不够，对玩家的吸引力有限。为了解决品控问题，雅达利把生产线搬到了中国香港，提高了生产标准，而游戏不够的问题则意外地被一场自己败诉的官司解决了。这场官司也改变了整个游戏产业的发展进程。

图 2-1 雅达利 2600
图片来源：The Vanamo Online Game Museum，已进入公共领域

在游戏行业早期，尤其是在雅达利 2600 出现前，基本不存在第三方游戏公司的概念，游戏厂商都是同时生产硬件和软件，打包销售赚取高额利润的。这种经营模式是游戏公司最希望看到的，因为这构建了很高的壁垒，有助于企业形成垄断性的优势。但这种模式有非常明显的弊端，当公司可以靠纯粹的市场占有率赚钱以后，游戏的好坏也就变得不那么重要了。

20 世纪 70 年代后期，游戏市场已经初具规模，但游戏内容的核心控制权都在游戏主机厂商手上，游戏主机公司是唯一的发行方和制作方。程序员虽然是游戏开发的核心人员，但是没有得到行业的尊重，收入低且工作压力大。当时没有人意识到程序员在游戏行业的重要性，大部分游戏甚至没有制作者名单。于是，被当作低端劳动力的程序员谋划了一次"革命"。雅达利的四名程序员大卫·克莱恩（David Crane）、拉里·卡普兰（Larry Kaplan）、阿兰·米勒（Alan Miller）和鲍勃·怀特海德（Bob Whitehead）一起离开了公司，和音乐人吉姆·莱维（Jim Levy）一起成立了游戏行业历史上第一家第三方游戏开发公司——Activision，中文称为动视。这是世界上第一家不属于任何主机厂商的游戏软件公司。

离开雅达利的这四人都是雅达利的核心员工，承担了雅达利过半游戏的开发工作，因此雅达利核心开发能力受损严重。祸不单行，第三方厂商游戏的冲击又让雅达利陷入另一个忧虑。1980 年，Activision 开始正式发行针对雅达利 2600 平台的游戏，短时间内风头甚至盖过了雅达利自己出品的游戏。雅达利迅速做出了应对——起诉 Activision，让法院禁止 Activision 销售游戏。两年后这场官司最终以雅达利败诉结束，法院判定 Activision 可以继续销售他们的游戏。这场官司后，雅达利没有继续和第三方厂商做斗争，也没有加以任何限制，甚至自己本身也默认了求量不求质的畸形发展道路，一时间大量第三方公司开始开发针对雅达利 2600 平台的游戏。

这场官司虽然败诉，但雅达利游戏不足的问题也因此得到解决，甚至游戏多到溢出。

后来又有雅达利的员工离巢成立了其他游戏公司，比如 Accolade 和 Acclaim。包括 Activision 在内，这些公司的名称都以 Ac 开头，最主要的原因是，当时游戏机订购的主要渠道之一是通过电话黄页，而这些名字在按字母顺序排序的黄页上排位都比 Atari 靠前。

Acclaim 这家公司在游戏史上也非常出名，尤其是他们的营销手法令人震惊。在推广游戏 *Shadowman 2* 时，Acclaim 宣布可以为最近死去的人支付葬礼费用，条件是逝者的墓碑上必须放一个 *Shadowman 2* 的广告，没想到竟然真的有人同意这样做，至今 *Shadowman 2* 的广告还在几个墓碑上待着；在宣传 *Burnout 2: Point of Impact* 时，Acclaim 宣布可以为超速被拍照的人们支付罚单；在推广 *Turok* 时宣布如果有人愿意改名为 Turok，则可以拿到一笔巨款……这些营销手法说明这些游戏公司毫无底限，也预示了日后游戏市场的崩盘。

1978 年 11 月，将雅达利卖给华纳的几年后，布什内尔因为管理方式不被华纳认可而被劝离。临走前，华纳让布什内尔签了一份长达七年的竞业限制协议，以确保布什内尔不会在离开公司后反戈一击，但同时也让布什内尔拿到了一份优厚的补偿金。雷·凯萨（Ray Kassar）接替了总裁的位置。对于纺织品商人出身的凯萨，人们的评价两极分化。一方面，他砍掉了大量项目，裁掉了很多早期员工，把很多背景和学历看起来够不上这家"大公司"的元老换成了来自哈佛大学、斯坦福大学等名校且在大企业供职过的职业经理人。这个决定引起大量内部人员的不满，造成公司管理动荡，经理人纯粹看财报的问题更是为雅达利埋下短视经营的隐患。另一方面，他上任的第一年（1979年）就让雅达利2600确立了市场老大的地位，1981年雅达利的营业额突破11亿美元，利润更是达到惊人的3亿美元，成为全世界非常赚钱的科技公司之一。

离开雅达利的布什内尔创建了儿童餐厅Chuck E. Cheese，这个餐厅因为放置了大量街机一度非常受欢迎。日后很多人评价布什内尔时都会说，虽然不是他发明了电子游戏，但是他让全世界人都玩到了电子游戏。

雅达利冲击

1982年1月，美国《时代周刊》的封面刊登了一幅游戏机的漫画，并且配了一句话："电子游戏闪击世界！"① 这是电子游戏第一次登上《时代周刊》的封面。在那期杂志里还写着"每年有几百款游戏问世，但绝大多数是失败的作品，只有极少数能成功"这样一句话，同时指出成功者更像是在"撞大运"，只是当时完全没有人在意这个观点。

这一年，全美电视游戏销售额为32亿美元。这时也是雅达利最好的时光，雅达利的全年销售额突破了20亿美元，成为有史以来收入最快突破20亿美元的科技公司，也成了全世界科技行业和娱乐行业的超级宠儿，那时全美国有17%的家庭购买了雅达利的游戏机，也就是每六个家庭就有一台。看起来，雅达利的电子游戏机和电话、电视机一样成为每个家庭中必不可少的

---

① 这句话的原文：Video Games Are Blitzing the World。

一件电子产品。只是好日子很短暂，4 年后的 1986 年，全美游戏销售额跌到 1 亿美元以下。在这几年期间，看到雅达利败诉的大量与游戏毫不相关的公司和工作室都一窝蜂地投入了这个看似风光的行业，"贡献"了数之不尽的质量低下的游戏。

盗版游戏的概念也在这时开始出现。那时的游戏开发相对简单，破解并不难，甚至多数游戏没有明确的防破解措施，所以有很多游戏工作室破解其他公司的游戏后对其进行二次销售。这种行为反映了当时市场的混乱，一方面，这种行为肯定是违法的，但是没有过先例，所以这种违法行为要怎么处罚尚无定论；另一方面，游戏产业是赚快钱的，一款游戏的生命周期很短，大部分公司不愿意计较一两款游戏的得失，而是在抓紧时间做新的游戏，甚至很多公司一边做原创游戏，一边盗用别人的游戏。

1982 年和 1983 年两年间，有超过 1 万款游戏上市，这个数字即便在今天依然十分惊人。在雅达利最后的辉煌期里，除了粗制滥造的游戏以外，还出现了很多突破底限的内容。大量媒体和知名人士站出来抨击游戏从业者没有下限，其中被误伤者占绝大多数。

雅达利自身也面临着更为复杂的问题，首先是逐渐恶劣的外部竞争环境。当时市面上除雅达利 2600 外，还有 Coleco 生产的 Colecovision，这款机器在 1982 年圣诞节就销售出 50 万套；玩具巨头美泰推出的游戏机 Intellivision，也是雅达利最强劲的对手，最终销量为 300 万套；米罗华奥德赛的后续机型米罗华奥德赛 [2] 也对雅达利造成不小的冲击。除此以外，市面上还有大量机型兼容雅达利的卡带，比如 Coleco Gemini 和 Tele-Games，这些竞争者削弱了雅达利平台上的游戏的优势。相比较这些，家用计算机的普及则让雅达利更加措手不及。那时，包括苹果、IBM、德州仪器和 Commodore 在内，大量公司将自家的家用计算机投放到市场，整体冲击了游戏机的市场规模，尤其是 Commodore 的疯狂低价战略对游戏市场的短期伤害最为严重。

其次是日本厂商崛起带来的严重冲击。以 Taito 和南梦宫为代表的日本企业进入美国几年以后，一系列日本街机厂商陆续登陆北美，让雅达利几乎丧失了整个街机市场。那是一个日本经济和文化最为强势的时代，日本的电子产品彻底统治了美国市场。

图 2-2　雅达利的 Logo

在此期间，雅达利的应对措施是，推出后续机型雅达利 5200、家用计算机雅达利 400 和 800，但这几台机器的游戏互不兼容。其中作为后续机型的 5200 不向下兼容 2600 的游戏，与此同时雅达利在新游戏上没有足够的开发能力，致使整个平台游戏乏善可陈，这一系列的主机销量十分惨淡。1983 年 5 月，雅达利苟延残喘般地在日本市场推出了雅达利 2600 的日本版——雅达利 2800，希望通过外部力量来拯救已经沦陷的北美市场，但因为硬件毫无优势，同时深陷泥沼的雅达利也不具备大规模推广的财力，该款机型最终也以失败告终。

表 2-2　20 世纪 70 年代末 80 年代初主要游戏主机和掌机销量

名　称	开　发　商	发售时间	首发零售价	总　销　量
雅达利 2600	雅达利	1977 年	199 美元	3000 万台
Intellivision	美泰	1979 年	299 美元	500 万台
米罗华奥德赛[2]	Magnavox	1978 年	200 美元	200 万台
Colecovision	Coleco	1982 年	175 美元	200 万台
雅达利 5200	雅达利	1982 年	270 美元	100 万台
Channel F	仙童半导体	1976 年	169.95 美元	25 万台
Game&Watch	任天堂	1980 年	5800 日元	4340 万台

数据来源：维基百科

整个雅达利和北美游戏市场的崩溃有两个代表性事件。

第一件是雅达利看到第三方游戏厂商的疯狂后，自己也开始不理性起来。1981 年，雅达利从南梦宫手上买下《吃豆人》的家用机改编权，交由程序员托德·福莱耶（Tod Frye）负责开发。当时公司管理层极其疯狂地选择一场豪赌——生产 1200 万套来获取高利润，而事实上当时雅达利 2600 的主机一共只不过卖出了 1000 万台，虽然之后有雅达利的人员站出来解释说当时是希望依靠热门游戏来提振主机销量，但显然游戏质量没有达到这个效果。因为打算以低成本获得更高的利润，所以雅达利要求使用 4 KB 的低容量卡带装载游戏，这从一开始就限制了游戏的最终效果。加之为了赶上圣诞节销售，游戏开发周期相对较短，使得最终游戏质量平平，一直到雅达利 2600 寿终正寝，《吃豆人》也只是卖了接近 800 万套，虽然是雅达利 2600 上销售数最高的游戏，但依然给公司造成了巨额的亏损。

第二件是著名的《E.T. 外星人》（*E.T. The Extra-Terrestrial*）游戏版权事件。1982 年，雅达利的母公司华纳耗费 2100 万美元买下了斯皮尔伯格执导的《E.T. 外星人》电影的游戏改编权，而电影总投资只有 1050 万美元，也就是说，雅达利花费了两倍于电影投资的成本购买了一个游戏改编权，可见当时市场的不理性和疯狂。对于这个"不可理喻"的决定，在华纳和《E.T. 外星人》的发行公司环球影业沟通时，时任雅达利 CEO 的凯萨明确表达过反对意见，但没有受到重视。

华纳拿到改编权后，斯皮尔伯格点名要求知名游戏开发者霍华德·斯科特·华沙（Howard Scott Warshaw）来负责这款游戏的关卡设计和编程工作。华沙曾经开发过两款游戏：一款是《亚尔的复仇》（Yars' Revenge），雅达利 2600 上口碑很好的游戏之一；另一款就是同样出自斯皮尔伯格之手的《夺宝奇兵：法柜奇兵》——那个时代整体质量最好的电影改编游戏。对于经验丰富的华沙来说这本不是难事，甚至是一个表现自己的绝佳机会。只是重金拿到版权的华纳因为谈判周期太长，迫不及待地想要看到这款游戏给公司带来巨额利润。华纳高层要求雅达利和华沙在 6 周内完成这款游戏，但同类型游戏的开发周期普遍在 6～8 个月，华沙自己的《亚尔的复仇》用了 5 个月。但几经劝诱，华沙最终还是接下了这款游戏。

华纳和雅达利对这款游戏很重视，但现实表明仅仅重视远远不够。《E.T. 外星人》是游戏史上第一款动用了专门美工的游戏，其美工杰罗姆·多穆拉特（Jerome Domurat）和华沙的名字是游戏的"彩蛋"之一。除此以外，雅达利在游戏上市时近乎疯狂地投入了 500 万美元用于市场推广，这是当时推广成本最高的游戏。但因为工期太短等原因，游戏品质没有得到很好的保证，最终销量仅仅 150 万套，远低于 400 万套的卡带产量。同时，因为质量实在低下，被很多玩家认为是游戏史上最烂的游戏，之后几乎所有评价游戏史上最烂游戏的榜单里，《E.T. 外星人》都是雷打不动的"座上宾"，甚至经常占据榜首。因为这款游戏，开发者华沙受到了极大的争议，在日后所有的采访里，华沙都在不停地强调游戏品质低的最大的原因是预留的开发周期太短，自己能够开发完成已属难得。

这两件事的后续发展带来的恶劣影响超出了很多人的想象。在那时，卡带的生产都是一手交钱一手交货，雅达利给卡带生产厂多少钱，他们就制作多少钱的卡带。同时卡带生产成本较高，即便雅达利这种规模的采购方采购 4 KB 卡带，加上包装和物流成本也要接近 10 美元，这使得资金占用非常严重，仅《E.T. 外星人》和《吃豆人》卡带就占用了雅达利上亿美元的资金，对公司的资金运转造成了极大的挑战。

1983 年，《纽约时报》采访了新泽西州一名 12 岁的小男孩。他在采访中说道："曾经有一阵子，很多电子游戏让我很喜欢，比如《吃豆人》。现在，这些游戏真的很无聊，它们看起来一模一样。在游戏里，你只顾杀掉外来入侵者就行了。真无聊。"

就是在这篇报道发布的前后，雅达利迫于经济压力开始低价处理包括《E.T. 外星人》和《吃豆人》在内的大量游戏，把单单硬件成本就要 6 美元以上的卡带以 2～3 美元的价格出售以尽快回款，但雅达利严重高估了市场。在雅达利做出决定后，很多小公司跟风采取了类似的策略，市面上出现了大量 1 美元，甚至 25 美分的游戏，这些游戏被放在超市和电子产品商店里成包甚至成箱地售卖。

玩家面对成堆的垃圾游戏失去了消费兴趣，公司则因为赚不到钱而不敢研发新游戏，整个市场在几个月内彻底崩溃。一年后有数千家游戏公司破产，但凡有其他业务的公司都选择退出游戏市场，甚至一些美国游戏杂志还刊登过"美国的游戏市场实质上已经消失了"的言论。这次事件就是游戏史上著名的"雅达利冲击"（Atari Shock）。

有趣的是，"雅达利冲击"这个词是日本游戏从业者使用的，而美国游戏从业者一直称这次游戏市场的崩盘为"1983 年美国游戏业大萧条"。也就是说，在日本游戏从业者眼里，雅达利是致使这次游戏行业崩溃的罪魁祸首；而在美国从业者眼里，所有美国游戏人都是这次崩盘的始作俑者，这次危机是所有美国游戏公司共同造成的。显然美国人对发生在自己身边的事情

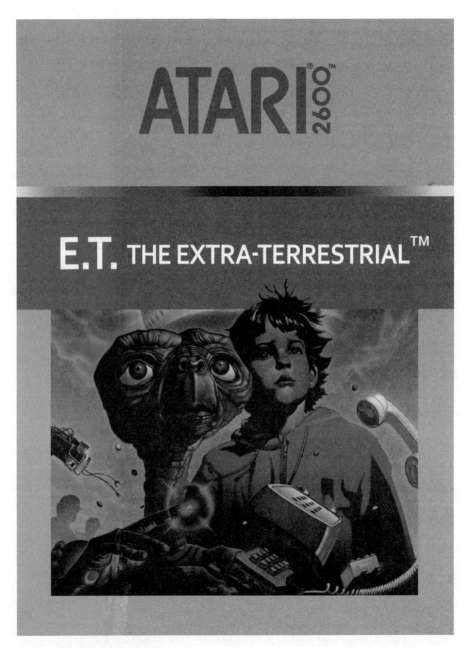

图 2-3 《E.T. 外星人》的封面

理解得更为透彻,把这一切全都归咎于雅达利确实不公平。

故事的主角雅达利也因为一系列的问题背负了巨额的债务,1983年第二个季度亏损就已经达到3.1亿美元,全年亏损5.36亿美元,裁员数千人。1983年,凯萨引咎辞职,继任者为烟草商人詹姆斯·J.摩根(James J. Morgan),他上任后第一件事就是推出了雅达利7800,但这并没有让公司的经营产生任何改变。没过多久,母公司华纳直接廉价处理掉了雅达利,以3.32亿美元的价格卖给了竞争对手Commodore的前总裁杰克·特拉梅尔(Jack Tramiel)。

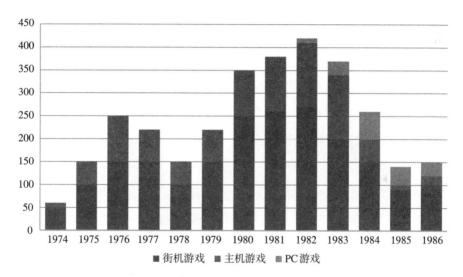

图2-4 1974~1986年全球游戏市场总产值(亿美元)
数据来源:数据分析公司Pelham Smithers

2014年4月26日,一批施工工人在新墨西哥州南部的阿拉莫戈多(Alamogordo)开展挖掘工作,这里曾经是美国最早的核试验基地,而这次挖掘的东西与核武器一点儿关系也没有。随着泥土的清除,人们终于发现掩埋在地下的数之不尽的《E.T.外星人》游戏卡带。当年雅达利用大卡车将没卖掉的游戏从位于得州埃尔帕索的仓库运送到这里掩埋,因为新墨西哥州的法律规定不允许在垃圾填埋场拾荒，所以可以最大程度保证事情不外泄。但这个世界上没有不透风的墙，仅仅三天后，第八辆车到达阿拉莫戈多时，这个消息就从垃圾填埋场的工作人员那里走漏了出去，一堆孩子在夜晚潜入垃圾掩埋场，将已经埋入地下的游戏卡带又挖了出来。与此同时，由于当地居民反对外地垃圾流入本地，政府立刻决定禁止雅达利使用这块场地，最终只有14车的卡带被运送至此，共72.8万盒。

那个时代信息相对封闭，加之雅达利极力公关掩饰，这个事件的真假始终扑朔迷离，甚至连游戏制作人华沙都不相信雅达利曾经做过这种事情。他曾多次对外声称，当时雅达利为了回本将剩下的卡带送回工厂制作了别的游戏，但挖掘事件证明事情并不是这么简单。除了《E.T. 外星人》以外，清理现场的时候还发现了《吃豆人》《吃豆人小姐》《夺宝奇兵：法柜奇兵》《导弹指挥官》《小行星》等雅达利游戏，那时市场的萧条可想而知。

"雅达利冲击"象征着游戏市场第一次大规模商业化探索的失败，而导致其产生的原因有多个。

一是游戏产业的发展脱离了核心用户群体，过度地求量不求质，对玩家造成了不可弥补的创伤。20世纪70年代末到"雅达利冲击"前夕，美国在短短几年内出现了数千家游戏公司，每年产出上万款游戏，而玩家每年可以玩的游戏是十分有限的。日后玩家重新回到游戏的怀抱也是因为高质量的游戏始终吸引着玩家，这个市场还是存在的。雅达利提醒了未来的市场，玩家和媒体所谓的游戏数量，指的是高质量游戏的数量，低水准的游戏只会降低玩家对于市场的预期。日后主机战争的成功靠的是几款高质量游戏，而不是成山的低劣游戏。

二是游戏行业版权意识薄弱。当时盗版游戏和破解二次开发的游戏横行市场，但美国一直没有完善的法律进行管制，导致哪怕游戏公司愿意认真做游戏，也要面临被盗版和抄袭等问题，于是干脆不考虑游戏的版权问题，一窝蜂地制作游戏，然后尽快卖掉再做新的游戏。游戏本质上是创意行业，是版权产业，在没有完善版权保护的情况下，游戏行业是永远无法产生高质量游戏的。

三是法规没有帮助游戏产业，反而在放纵游戏产业。当时出现了大量歧视少数族裔和侮辱女性的反社会游戏，只有少部分因为争议太大受到了制裁，大部分在市场上"光明正大"地流通。美国政府那时没有对这种行为进行明确的限制和打击，导致游戏公司完全没有意识到这种行为存在着恶劣的社会影响。一直到 20 世纪 80 年代末期，美国才开始完善相关的法律。

四是游戏厂商缺乏一个健康、可持续的盈利模式。游戏产业在进入 PlayStation 时代以前，包括任天堂时代时，游戏公司对自身财务可持续性的考虑都非常欠缺，核心原因就是游戏产业的生态模式不确定性过高。大部分游戏公司既不会核算游戏的开发成本，对游戏的销量也没有合理的预期，所以在花多少钱和赚多少钱这两件事上经常犯一些低级错误。当然这也并不全是游戏公司的问题，游戏类型少，游戏机的性能表现有限，所以游戏成功与否，运气占了很大的比重。进入 PlayStation 时代以后，游戏类型增加，游戏的表现力提升，游戏公司才开始做正规的财务分析。此外，在雅达利时代，游戏行业本质上还是电子业，卡带的生产过度占用资金，和未来游戏产业的轻资产是截然不同的。因此这个问题本质上是时代所限。

雅达利崩溃也并不完全是坏事。1977 年苹果二代计算机上市，1982 年 IBM PC 上市，家用计算机的帷幕正式拉开，但当时家用计算机上的软件非常少，主要是因为那几年游戏机市场过于火热，美国的优秀程序员和资本都一窝蜂地进入游戏机市场，对于未来不明的家用计算机市场明显缺乏兴趣。随着"雅达利冲击"的发生，大量程序员开始流入家用计算机行业，带来了后来家用计算机软件市场的大爆发。

本章参考资料：

[1] 前田寻之. 家用游戏机简史 [M]. 周自恒，译. 北京：人民邮电出版社，2015.

[2] Baer R H. Videogames: In the Beginning[M]. New Jersey: Rolenta Press, 2005.

[3] Kent S L. The Ultimate History of Video Games[M]. New York: Crown, 2001.

[4] Weiss B. Classic Home Video Games, 1972-1984: A Complete Reference Guide[M]. North Carolina: McFarland&company, 2012.

第3章

任天堂重塑市场

早期的任天堂

1889 年 9 月 23 日，山内房治郎创建了一个销售日本传统纸牌游戏花札（Hanafuda）的公司，这就是现今任天堂的前身。任天堂的名字来源于"運を天に任せ"的缩写，直译就是"把命运托付给上天"，也就是中文里"成事在天"的意思。这句话是当时日本赌徒们的口头禅，任天堂从其中取名也表明任天堂在迎合自己产品的目标用户。之后几十年的时间里，除了纸牌以外，任天堂还尝试进军过情侣酒店、出租车公司等千奇百怪的领域。其间，山内积良的孙子山内溥在接手公司后进行了大刀阔斧的改革，裁掉了大批在公司里游手好闲的亲戚和老员工，换成了更为精干的名校高才生，对任天堂产生了深远的影响。与此同时，山内溥还坚持国际化的战略，和美国迪士尼公司谈拢了角色的授权，在日本推出了米老鼠纸牌，靠着一年63 万套的销量，任天堂成为日本最大的纸牌生产公司。但是这些都无法满足山内溥的野心。

1956 年，山内溥参观美国扑克牌公司（The United States Playing Card Company）时发出感叹："当参观了他们那几间平淡无奇的厂房，再对比来时路上所见鳞次栉比的高楼大厦，这才意识到，如果一味局限于纸牌行业的话，即使是世界第一名的公司也不过如此！"

1962 年，任天堂在大阪证券交易所上市。山内溥坚信，将任天堂置于公众的目光下可以改变这个家族企业，使其成为一家真正的大公司。

1969 年，任天堂成立了游戏部门，迎来了公司的辉煌阶段。让任天堂发生改变的第一个人名叫横井军平[①]，也是任天堂日后开发第一部的部长。1966年，在维修花札生产机器的横井军平做了一个伸缩假手的玩具，任天堂社长山内溥看到后十分喜欢，便打算将其做成玩具拿到市面上去销售。这个后来

---

① 很多人只记得横井军平在硬件方面的成就，其实他也是《银河战士》的制作人。

被称作"超级怪手"（Ultra Hand）的玩具靠着 800 日元的售价在 1970 年卖出了 120 万个，是任天堂游戏业务的起点。日后任天堂的很多游戏，包括《超级马力欧兄弟》系列、《瓦力奥》系列和《塞尔达传说》系列里面都出现过这个"超级怪手"，以致敬公司早期伟大的开拓者们。在"超级怪手"之后，横井军平又制作了一个叫作"无限组合桶"（Nintendo Ten Billion Barrel）的玩具和"爱情测试仪"（Nintendo Love Tester）的电子产品，销量都不错。

1971 年，在早川机电工作了 4 年的上村雅之加盟任天堂。当时任天堂的主营业务是纸牌和玩具，公司发展遭遇瓶颈，山内溥的女婿荒川实建议他进入电子游戏领域，山内溥同意了，并且把这个重任交给了上村雅之。

上村雅之早期的工作并不顺利。1973 年 10 月，国际局势的变化造成油价上涨。这对同样依赖石油进口的日本造成了严重打击，任天堂也因此受到严重影响，致使其第一台游戏机一直到 1977 年才面市。

1975 年，三菱找到任天堂希望能够合作开发一款电视游戏机，任天堂当然不会放过这么一个机会，毕竟自己最大的劣势就是没有雄厚的电子技术背景。山内溥为这款游戏机确定了一个基调，同时也是任天堂发展的基调，就是一定要做"普通消费者消费得起的产品"。在和三菱多次协商后，这款产品的预期定价被压到了 1 万日元左右，而当时市面上绝大多数的电视游戏机售价在 2 万日元以上。

研发这款电视游戏机的任务又落到了上村雅之身上。上村雅之虽然不负众望，但也花了超过一年的时间才完成这款游戏机的设计。游戏内容基本模仿雅达利的 *Pong*，机型分为两种，9800 日元的 Color TV-Game 6 和 15 000 日元的 Color TV-Game 15。对于这两款游戏机，任天堂用了一个很有效的销售策略，其首先推出的 Color TV-Game 6 本身就是亏损销售，售价低于制造成本，但上市后口碑相当不错，一时间非常多的消费者争相抢购。在获得极好的市场反馈后，任天堂立刻推出有更多游戏功能的 Color TV-Game 15，虽然价格较高但也成了多数消费者的第一选择，也就是说，Color TV-Game 6 只是任天堂争取市场口碑的一个略微昂贵的广告而已。

图 3-1　Color TV-Game 6

图片来源：The Vanamo Online Game Museum，已进入公共领域

图 3-2 Color TV-Game 15

图片来源：The Vanamo Online Game Museum，已进入公共领域

　　这两款主机的最终销量总共达百万台，虽然任天堂并没有赚到太多，但摆脱了短期的经营困境，更重要的是对制作游戏主机坚定了信心。1978年和1979年，任天堂又分别推出 Color TV-Game Racing 112 与 Color TV-Game Block Breaker 两款专属游戏的游戏机，但销量比较一般。这个系列的最后一款机型是 1980 年上市的 Computer TV-Game，是任天堂主机战略里最失败的一款。

在那个时代，Taito 在街机市场的成功让任天堂欣羡不已。1979 年，上村雅之参考《小蜜蜂》制作了《雷达屏》（Radar Scope）。在研发上，任天堂投入巨资，并且直接生产了 3000 台街机一次性运往美国新泽西州，让刚刚组建的任天堂美国公司社长荒川实负责销售工作。但这款街机每台 100 万日元，价格昂贵且游戏内容和质量都相对平庸，并没有取得期望中的成功，一共只卖出了 1000 多台。这次失败让任天堂受了不小的打击，除了经济损失以外，还有信心的挫败。

这时，一个 29 岁的年轻人进入任天堂，将其从这次灾难中拯救出来，并带领任天堂迎来了又一个辉煌，这个人就是宫本茂。初出茅庐的宫本茂决定把剩下那 2000 台机器上的游戏抹掉，重新制作一款游戏。虽然宫本茂主动接下这个任务，而且这显然不是一份容易的工作，但他成功了。宫本茂做出来的这款游戏就是影响了整个游戏史和任天堂事业轨迹的《大金刚》（Donkey Kong）。游戏刚上市时销量平平，当时眼光颇佳的 Taito 提出用 700 万美元买断这款游戏的北美发行权，这在一定程度上能够缓解任天堂北美公司的经济压力，但被荒川实拒绝了，他认为这款游戏未来的成就绝对不止这个施舍性的数字。经过一段时间的口碑发酵后，这款游戏终于在北美玩家群中火起来了，不仅清掉了《雷达屏》剩下的 2000 台库存，还创造了惊人的 6.5 万台总销量的成绩，为任天堂北美公司带来了 1.8 亿美元的收入。这笔钱被任天堂用来在华盛顿雷蒙德买了一块地，这里成为任天堂美国的总部。

除了《大金刚》游戏本身的成功之外，这款游戏还塑造了"马力欧"这个经典形象。之所以叫马力欧这个看似有些奇怪的名字，是因为在组装这台主机时，租用仓库的管理员马力欧（Mario）总是不厌其烦地来催讨房租，让任天堂北美的员工记忆深刻，最终就给了主角这个名字。日后大金刚和马力欧成为任天堂乃至游戏史上最有价值的两个形象。

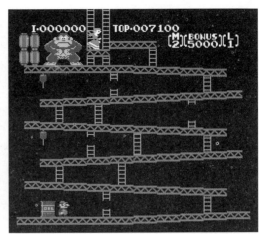

图 3-3 风格独特的《大金刚》

Family Computer

1983 年 7 月，任天堂推出了内部代号为 GAMECOM 的 Famicom 主机，任天堂对其重视程度极高，当年甚至把带来巨额利润的街机部门解散来支持 Famicom 的开发。Famicom 为 Family Computer 的简写，很多时候干脆简写为 FC。这个名字来自上村雅之的妻子，经典的红白配色来自时任社长山内溥喜欢的一条围巾的颜色，也因为这个配色，这款主机在国内更多被称为"红白机"。这台主机在欧美市场被称作 Nintendo Entertainment System，简称 NES，同时任天堂在欧美也更换了经典的红白外观。在项目开始前，山内溥对于这台主机除了有类似雅达利 2600 和 Colecovision 的 One Hard Many Soft（一硬多软）的要求外，还提出"比竞争对手便宜，但是一年内不能被竞争对手超越"这样更为苛刻的要求。为此，上村雅之为这个项目细化了更多其他要求，比如不能有键盘，比如游戏使用卡带且卡带大小要和磁带相仿。

这些要求使得游戏机在制作期间遇到了很多问题，比如采购芯片时，因为价格谈不拢，山内溥在向理光承诺时说出了"保证两年内售出 300 万台"

的豪言壮语，当时整个日本的游戏机年销量都不到这个数字，这毫无疑问是一场豪赌。这笔和理光超过 60 亿日元的订单成了日后 Famicom 成功最重要的技术投入，编号 6502 的 8 位处理器一度成为游戏机行业的标准，同时这个时代的游戏机也因为这个系列的处理器被称为"8 位机"。

1983 年 5 月，Famicom 上市前夕，山内溥在"初心会"做产品说明时说："被命名为 Family Compuer 的新游戏主机，价格将定为 14 800 日元。说实话，基于这个价格，销售商能够获取的利益非常少……但是个人认为硬件仅仅是一种盈利工具，我保证大家会从不断推出的优质软件中获得更为丰厚的回报！"这时的山内溥已经明白，在游戏市场要想同时从硬件和软件中赚取利润是一件非常困难且难以做大的事情，倒不如先靠低廉的硬件价格吸引用户，再靠软件赚取后续的利润。这种模式在科技行业屡试不爽，包括低价打印机和高价墨盒的销售，以及后来我国市场的"免费游戏"都是这种模式的成功案例。

值得一提的是，因为欧美市场经历过"雅达利冲击"，玩家对游戏机先天排斥并且极端不信任，所以任天堂在北美市场做推广时，打包推广了学习机的套件，让消费者认为他们的产品并不是一台纯粹的游戏机。日后"小霸王"在中国市场使用了同样的方法。

Famicom 在初期卖得并不好，一度打折处理，中间还遇到过严重的硬件质量问题。上市半年后，山内溥决定召回所有的 Famicom，为其更换主板，这让任天堂赚到了口碑。

这期间山内溥曾经寻求和雅达利合作开发欧美市场，但任天堂把《大金刚》的版权分别授予雅达利和 Coleco，这让雅达利十分不悦。双方最大的争议在于，任天堂给雅达利的是计算机版的开发权，给 Coleco 的是家用机移植权，但雅达利一口咬定 Colecovision 就是一台计算机，坚决拒绝任天堂多方授权。山内溥花了很大的精力调节此事，最终双方终于谈妥，但在准备找雅达利签约的时候，山内溥发现负责谈判的凯萨被炒了，这次合作也就不了了之了。

真正让 Famicom 扭转局面的是那些高质量的游戏，《超级马力欧兄弟》系列、《塞尔达传说》系列、《勇者斗恶龙》系列都是游戏史上的经典大作。对于游戏的重要性，山内溥在那时就说："性能再优异的硬件设备如果没有有趣的游戏软件支持就形同废铁，游戏并不是生活必需品，消费者一旦觉得不好玩便会毫不犹豫地放弃，我们应该时刻有危机感。"

关于游戏的制作，任天堂在一件事上非常执着，就是"全年龄"，"上到九十九，下到刚会走"都要成为任天堂的用户。事实上在 Famicom 最早的一批游戏里，除了《大金刚》以外，还有麻将和五子棋之类的棋牌类游戏吸引年纪较大的用户，而这部分用户的购买力非常强，成了 Famicom 最重要的消费群体。

这时"雅达利冲击"开始出现，远在大洋彼岸的日本也受到了冲击，危机感强烈的山内溥迅速采取了一系列避免悲剧重演的措施。

在 Famicom 上市后，任天堂首先意识到不应该有大量第三方游戏厂商提供大量垃圾内容，于是通过技术手段限制第三方游戏厂商进入，提高了自身平台游戏的开发成本。最早进入的公司为哈德森（Hudson）和南梦宫，之后又加入了 Taito、卡普空、杰力可（Jaleco）和科乐美，也就是后来所谓的"六大家族"。但自始至终任天堂都对第三方厂商有一些硬性要求，主要包括以下三点：软件内容必须经过任天堂审查；一年内只能制作三款游戏，之后逐步开放；卡匣必须交给任天堂制作。其中第三条一般指的就是权利金（Royalty）制度，但任天堂多少变换了一下说法，即通过一定程度的加密手段，卡带由任天堂制造，任天堂收取制造费，以此来让这个要求听起来更能被接受。在最早的六家第三方厂商中，南梦宫和哈德森可以自行生产卡匣，但每个卡匣需要缴纳 100 日元权利金，如果交给任天堂生产则不需要。另外四家是收 700 日元，再之后加入的公司，一律为 2000 日元。如果没有权利金的优惠政策，实际流入开发者的收入只有不到总收入的 30%。

这些相对激进和粗暴的要求在那个时代饱受争议，很多美国公司和评论家站出来指责任天堂滥用市场垄断地位。但对于日本人来说，这种权利金制度不过是传统的日本家长制企业管理的一个表现，日本人乐在其中，相当多的日本企业家时至今日对这种脱离市场经济的权力体系乐此不疲。与其说是一种企业管理方法，不如说是一种基于文化层面的管理玄学。不过也不是所有人都认同这种模式。戴维·谢弗（David Sheff）在讨论任天堂的书《游戏结束：任天堂全球征服史》（*Game Over: How Nintendo Conquered The World*）中就提到过，有一家游戏公司的社长对他说："我们任凭宰割，他们可以在一夜间成立或者拆解掉我们。"当然时至今日我们知道，真正让任天堂恢复北美游戏市场的信心，同时在全球市场独领风骚的正是他们这份对游戏质量把关的坚持。

Famicom 的热销带来了巨大的经济效益，那时一款游戏只要卖到 10 万套就能收回成本，剩下的全是利润，这其中收益最大的两家公司是南梦宫和哈德森。1984 年 7 月，哈德森推出 Famicom 平台上的第一款第三方游戏《挖金块》，当年就卖了 100 万套。这一年哈德森的营业额达到了惊人的 53.4 亿日元，为了回馈员工，哈德森在第二年包了一架喷气式飞机飞往夏威夷，让员工们度过了一个超级奢侈的假期。而南梦宫的《铁板阵》（*Xevious*）更是达到 150 万套的销量，这次的收益被南梦宫用来盖了一栋楼，后来这栋楼就被人们称作"铁板阵大楼"。这款游戏对日本游戏产业的影响非常深远，2013 年的日剧《一币通关小子：我们的电玩史》的开场游戏就是街机版《铁板阵》。

看到南梦宫和哈德森赚得巨大利润，又陆续有游戏公司加入任天堂的阵营。到 1985 年，就有 Irem、亚斯基（ASCII）、艾尼克斯（ENIX）、肯姆寇（Kemco）、太阳电子（Sunsoft）、DBSoft、东芝 EMI、德间书店、万代（Bandai）、Pony 等公司加入，这时任天堂也兑现了 Famicom 销售 300 万台的承诺，霸主地位已然牢不可破。媒体们纷纷感慨，日本人主导游戏的时代已经来临。

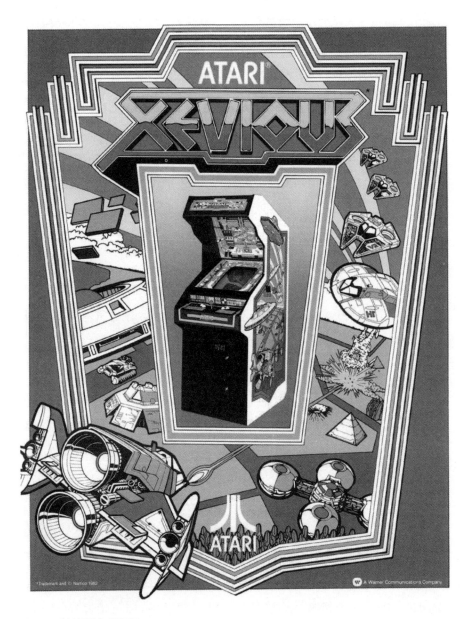

图 3-4 《铁板阵》的海报

除了第三方游戏的火爆以外，更让人惊喜的是任天堂的第一方游戏质量也非常出色。到 1986 年，任天堂已经有了《超级马力欧兄弟》《塞尔达传说》《大金刚》《打鸭子》等一系列殿堂级第一方游戏保驾护航。

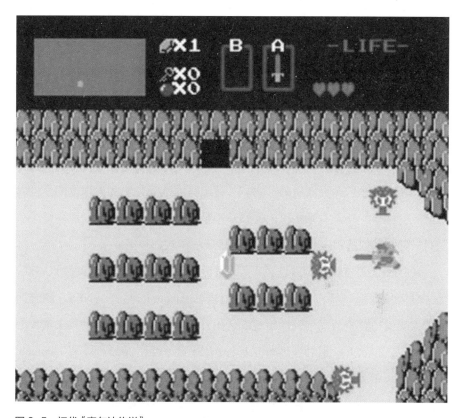

图 3-5　初代《塞尔达传说》

注：这款游戏于 1986 年上市，创造了 650 万套的惊人销量，是游戏史上第一款有存档读档功能的游戏，也是第一款真正意义上的 ARPG。

1987 年，南梦宫和哈德森曾经短期为 NEC 的 PC-Engine 主机开发游戏，但立刻受到了任天堂的处罚：取消了两家公司早期所有的权利金优惠政策。两家公司也是敢怒不敢言，这种超级壁垒的设置使得 Famicom 很难有真正意义上的竞争对手，同期的主要竞争对手世嘉一直干看着 Famicom 上丰富的游戏而无可奈何。

1983 年，宫本茂和横井军平制作了街机版的《马力欧兄弟》(*Mario Bros.*)，但这款街机销量平平。1985 年 9 月 13 日，Famicom 版的《超级马力欧兄弟》(*Super Mario Bros.*) 上市，制作人中少了横井军平，增加了手冢卓志。对于这款游戏，宫本茂本来没什么太高的期待，认为最多卖 150 万套，媒体也没有给予太积极的评价。但因为游戏完成度和品质极高，实际销售结果震惊了全世界，在之后的 20 年时间里，4024 万套的销量让其一直是全世界销量最高的游戏，直到 2008 年该游戏被同属于任天堂的 *Wii Sports* 超越。

知名游戏制作人小岛秀夫对《超级马力欧兄弟》评价道："操作、故事、游戏目的、谜题设置、Boss、隐藏要素……为游戏制定了规则，可以说现在所有的游戏都是依此而派生的产物。"《超级马力欧兄弟》的火爆也向全世界证明了一件事，任天堂系主机的火爆并不是纯粹依赖生态系统，而是整个公司有一种特殊的基因——知道怎么制作好玩的游戏的基因。

1985 年，日本和美国签订了《广场协定》，日本企业一夜之间跌入谷底，除了任天堂。那一年，任天堂在北美销售 Famicom 的北美版 NES，随之而来的大卖使得整个公司的利润超过 5 亿美元，任天堂一举成为世界上最大的游戏公司，和松下、索尼等日本传统电子厂平起平坐。2003 年 7 月 Famicom 正式停产，累计销量达到 6700 万台，加上各种兼容机，总销量在 1.3 亿台左右。要知道这是一款只有两种外观，几乎没有改过配置的电子产品，能够在将近 20 年的时间里持续热卖，称其为 20 世纪的商业奇迹也毫不夸张。

1990 年，任天堂的利润已经超过整个好莱坞，成为全世界娱乐业真正的巨无霸。这时，35% 的日本家庭和 30% 的美国家庭有 Famicom，而只有 23% 的美国家庭有个人计算机，日本家庭拥有个人计算机的则不到 10%。日后主机大战有个很重要的理念是"占领客厅"，而在这时，任天堂占领了整个家庭。

关于 Famicom 的成功，上村雅之说："我很感激红白机，但从某种角度来说，它也是我今生最怕的敌人，因为没人能弄清楚为什么这些特定硬件组装在一起会成为一台如此畅销的机器。"

任天堂的成功为日后游戏市场提供了三点非常重要的启示。

第一，不犯错比一切都重要。在那个年代，市场竞争并不算恶劣，多数公司之所以溃败是在一些重要问题上犯了错，包括之后几个世代也有这种公司。而善于总结前人成功的经验，一路坚持下去的公司，结果都不差。

第二，游戏质量是核心。这也是任天堂世代游戏行业明白的一个道理，也是这个世代和之前最重要的区别，1000个烂作品不如一个好作品，甚至1000个烂作品还可能带来严重的负面影响。

第三，确立商业规则和商业模式非常重要。在任天堂之前，没有任何一家家用机公司有过明确的盈利模式，要么是非常不健全，要么是自己独揽行业利润。任天堂建立的权利金制度让自己有了一个简单可行的盈利手段，也让上下游公司都有的赚。

本章参考资料：

[1] 前田寻之. 家用游戏机简史 [M]. 周自恒，译. 北京：人民邮电出版社，2015.

[2] 井上理. 任天堂哲学 [M]. 郑敏，译. 海口：南海出版公司，2018.

[3] Sloan D. 任天堂传奇 [M]. 张玳，译. 北京：人民邮电出版社，2012.

[4] Ryan J. 超级马力欧：任天堂美国市场风云录 [M]. 张玳，译. 北京：人民邮电出版社，2013.

[5] 刘健. 电玩世纪：奇炫的游戏世界 [M]. 天津：百花文艺出版社，2006.

[6] 尖端出版社. 任天堂的阴谋——连载之三 [J]. 电子游戏软件，1996（4）: 68-70.

[7] Harris B J. Console Wars: Sega, Nintendo, and the Battle that Defined a Generation[M]. New York: Dey Street Books, 2014.

[8] Kent S L. The Ultimate History of Video Games[M]. New York: Crown, 2001.

[9] Hansen D.Game On!: Video Game History from Pong and Pac-Man to Mario, Minecraft, and More[M]. New York: Feiwel&Friends, 2016.

第4章

主机大战

为什么会有主机大战

一般情况下，人们的娱乐场景有以下四种。

第一，公共场所的娱乐场景，如游乐场、电影院和街机厅等。在大部分国家和地区，最成功的是电影院，因为相比游乐场，玩家的参与成本更低，他们不需要跋山涉水，对于公司来说投入也更低，同时相比街机厅文化包容性更强。这类娱乐场所受限于场地，普遍投资较高，导致创新很难。

第二，桌面上的娱乐场景。在个人计算机普及以前，主要的桌面娱乐集中在传统棋牌游戏、桌游和卡牌游戏上；个人计算机普及以后，PC 游戏成为主流，很多公司借此尝试颠覆传统桌面娱乐场景，比如微软推出 Surface，期望直接把计算机桌面变成娱乐平台，但是效果并不理想。

第三，随身娱乐场景，如玩手机、掌机和听随身听等。随着智能手机的普及，加上手机游戏产业的发展越来越繁荣，手机在随身娱乐场景里的重要性已经毋庸置疑。在很多国家和地区，针对手机进行娱乐方式方面的创新已经是主流。

第四，客厅娱乐场景，主要以电视机为主，家庭用户整体参与。家用游戏机也是争夺这个场景的主力军。

主机大战真正的意义是"占领客厅"，因为这是一个重要的娱乐场景，能为游戏带来很多想象空间。

不熟悉主机游戏，可能会导致错误地评估市场。时至今日，在美国、日本和欧洲大部分市场，主机游戏依然在游戏市场中占据主流地位，是游戏产业的"主食"。比如玩家比较熟悉的 EA 的 *FIFA* 系列游戏，最近几代的游戏里，PC 版的销量在总体中的占比都稳定在 5% ~ 10%，其余都是主机版。多数全平台的游戏大作，在美国市场，其家用电脑版的销量占比在 20%，甚至 10% 以下，日本市场的 PC 版的销量甚至少到可以忽略不计。把 PC 游戏作为主流的一般是游戏产业成型相对较晚的市场，比如韩国和巴西等，但即便在这些市场，核心玩家也越来越倾向于主机游戏。传统发达国家里只有少部分欧洲市场的 PC 游戏市场比较大，但也只能和主机游戏市场平起平坐，市场份额相差不大。

在游戏类型上，PC 游戏和主机游戏有明显的差异，现阶段 PC 游戏以联网游戏为主，而主机游戏以传统 3A 游戏为主。这背后是产品存储和运行方式的差异，PC 游戏大多安装在本地硬盘上，方便随时更新，这对网络游戏来说是刚需，因为需要随时添加内容、修复漏洞、防作弊和调整平衡性。而计算机要是想一直顺利运行 3A 游戏就需要频繁升级配置，费用很高，这就导致了游戏类型上的分化。很多玩家有一个疑问：为什么主机游戏不会卡顿？原因其实非常简单，因为游戏公司就是以不卡顿为目标开发游戏的，不会让游戏超过主机的运行能力，而 PC 游戏因为每台计算机的配置都不相同，所以没有严格的标准设定限制。如今 PC 游戏的画质已经超过主机游戏，就是因为主机游戏的配置具有延后性，开发一款游戏需要考虑 3～5 年前的配置，而开发 PC 游戏时可以按照当年的主流配置甚至更高的配置来开发。

因为在美国和日本市场，主机游戏相对主流，同时"占领客厅"的概念深入人心，所以主机大战对于他们而言非常重要。

第四世代

第一次和第二次主机大战，以米罗华奥德赛和雅达利的胜利而告终，同时期的市场上几乎不存在其他明显的竞争对手。那时的市场几乎一片空白，做出来的游戏只要可以正常使用基本就能卖出去。第三次主机大战，虽然任天堂凭借对商业规则的梳理以绝对优势获胜，但这时市场上已经有非常多强劲的竞争对手，其中最主要的就是世嘉。早在 1981 年，任天堂推出 Game&Watch 时，世嘉就几乎同一时间推出了掌机 Game And Go！。这款掌机在技术上完胜 Game&Watch，是世界上第一款具备充电技术的民用电子产品，其余配置也非常出色。但是上市没多久，美国职业安全与健康管理局（OSHA）认定其使用的充电电池有高致癌性，禁止在美国境内销售，其他地方也没能坚持多久。这时的任天堂煽风点火地发布了一则广告："世嘉给你带来癌症（Sega gives you cancer）。"从此，两家公司彻底交恶，针锋相对了几十年。

1983年7月15日，任天堂推出红白机，同一天世嘉也推出了自己的第一台家用游戏机SG-1000，这台机器的配置要明显高于Famicom，而价格仅仅贵200日元，但因为控制器太差，同时缺乏亮眼的游戏支持，最终惨败。有媒体人形容SG-1000的控制器就像是"用勺子吃面条"一样难用。一年后世嘉推出升级版SG-1000II，在一定程度上挽回了颜面，但销量仍然不及Famicom的零头。

1985年10月，世嘉又一次正面挑战任天堂Famicom，推出Mark 3主机，但因为支持的游戏太少，所以没有掀起一丝波澜。1987年11月，世嘉推出重新设计的Mark 3主机，称为Sega Master System，这台主机在所有技术层面都完全超越Famicom，但世嘉只因为一个错误的决定，又一次错失了翻盘的机会。世嘉将这款主机的经营权交给了一家从没涉足过游戏行业的玩具公司Tonka Toy，转交经营权的原因只是Tonka Toy有非常强大的玩具行业渠道。完全不懂电子游戏行业的Tonka Toy要求世嘉新制作了大量小游戏，并没有移植世嘉已经成功的街机游戏。同时，不了解游戏市场的Tonka Toy在宣传上也十分乏力，使得这款主机在主流市场彻底惨败。这清晰地反映出，让不了解行业的公司来经营对这款主机的打击有多大。作为对比，在巴西市场，这款主机交给了当地电子游戏公司Tectoy，最终销量达到800万套[①]，比其他所有国家加起来的还多。

1988年，当Famicom这种8位机的粗糙画质已经满足不了玩家需求时，世嘉推出了第一款真正意义上的16位游戏机——Sega Genesis，更为

---

① Pedro Henrique Lutti Lippe e Azevedo, Théo. Console em produção há mais tempo, Master System já vendeu 8 mi no Brasil. 2016-12-05.

人所熟知的名字是 Mega Drive，简称 MD。上市的时候世嘉对外说："世嘉 MD，做任天堂做不到的。"这台机器因为使用了 16 位的处理器——摩托罗拉 MC68000，被称为"次世代主机"。从这时起，玩家对游戏机位数的争论便开始了，日后到 32 位和 64 位仍有玩家会以这个为依据来争论游戏机性能的好坏。这种争论引发的不理性炒作给日本游戏市场带来了一次小危机。20 世纪 90 年代初，除了传统的几家游戏主机公司以外，松下、三洋、日本电气等电子公司都大举进入游戏行业，宣传点都是 32 位、64 位，甚至出现过 128 位，致使大量玩家在不考虑平台游戏的情况下不理性消费，结果失望无比。在这个背景下，日本游戏业迎来了一次短暂的萧条。

和任天堂一样，世嘉也有自己的当家电玩明星——《索尼克》(Sonic)，这个系列的第一款游戏于 1991 年在 Mega Drive 上发行，并且在市场上取得了极好的口碑和销量。《索尼克》刚刚上市时，日本最大的电玩杂志给出了 38 分的评分（满分 40 分）。

但玩家的眼睛是雪亮的。

现实对于任天堂是美好的，对于世嘉是残酷的。玩家对于《塞尔达传说：众神的三角力量》和《超级马力欧赛车》的兴趣要远远大于其他第三方产品，其中《塞尔达传说：众神的三角力量》是知名游戏媒体《Fami 通》历史上第一款打出 39 分的游戏。这款游戏让全世界的游戏制作人知道了宫本茂的"箱庭"理论。箱庭在日语里的意思是庭院式盆景，放在游戏里，这个理论指的是把游戏场景当作一个箱庭，里面放置道具，在有限的空间里尽可能地利用场地。在当时，Super Famicom 也被任天堂当作了一个箱庭，在远不如 MD 的有限资源里，任天堂做出来了一批超级大作。

除此以外，任天堂的手上有足够多可以制作优秀游戏且忠诚的第三方日本游戏公司，世嘉和媒体从业者过度迷信美国游戏公司的实力，忽视了当时日本才是世界游戏市场真正的中心，《勇者斗恶龙》和《最终幻想》新作的登场，再次宣告了任天堂的胜利。最终，Super Famicom 的销量为 4910 万台[1]，MD 的销量为 3375 万台，这是世嘉距离胜利最近的一次。

表 4-1 第四世代游戏主机

名称	PC-Engine/TurboGrafx-16	Mega Drive/Sega Genesis	Super Famicom	NEOGEO
生产商	日本电气及哈德森	世嘉	任天堂	SNK
发售价格	24 800 日元 199.99 美元	21 000 日元 189.99 美元	25 000 日元 199.99 美元	58 000 日元 649.99 美元
发售时间	日本 1987 年 10 月 30 日 美国 1989 年 8 月 29 日 欧洲 1990 年	日本 1988 年 10 月 29 日 美国 1989 年 8 月 14 日 欧洲 1990 年 11 月 30 日	日本 1990 年 11 月 21 日 美国 1991 年 8 月 23 日 欧洲 1992 年 4 月 11 日	日本 1991 年 7 月 1 日 美国 1991 年
媒介	HuCard （卡片形状的卡带） CD-ROM （需要附加 CD-ROM）	卡带、CD-ROM （需要附加 Mega CD） 存储卡 （需要附加 Power Base Converter）	卡带、磁盘 （只限日本）	卡带、存储卡 （只限日本及欧洲）
最佳销量游戏	《PC 原人》	《索尼克》 （1500 万套）	《超级马力欧世界》 （2000 万套）	《侍魂 II》 （25 万套）
向下兼容	否	Sega Master System （需要附加 Power Base Converter）	NES （非官方、需要附加 Super 8） Game Boy （需要附加 Super Game Boy）	否
配置	Hudson Soft HuC6280 （65SC02 改良版本） 1.79 或 7.16 MHz 8 KB 主 RAM 64 KB 视频 RAM	摩托罗拉 68000 7.67 MHz（7.61MHz PAL） Zilog Z80 3.58 MHz 64 KB 主 RAM 64 KB 视频 RAM 8 KB 音频 RAM	任天堂自制 Ricoh 5A22 （基于 WDC65816） 3.58 MHz（3.55 MHz PAL） 128 KB 主 RAM 64 KB 视频 RAM 64 KB 音频 RAM	摩托罗拉 68000 12 MHz Zilog Z80 4 MHz 64 KB 主 RAM 74 KB 视频 RAM 2 KB 音频 RAM

数据来源：维基百科

---

[1] 来自任天堂官方数据。

主机的第四世代的大战，依然以任天堂的获胜而告终，但此时的任天堂面临着三个非常明显的问题：一是自己的技术存在缺陷，尤其对比日本其他电子厂商，这个技术缺陷很难弥补，并且日后几十年里任天堂一直受这个问题的困扰；二是与第三方的合作关系不是那么牢固，只要其他平台能够创造利润，那么第三方很有可能"叛逃"，自己的大家长制度很难长期维持；三是自己的成功过于依赖第一方游戏质量，如果第一方游戏出现问题，很有可能产生非常恶劣的连锁反应。

表 4-2　Famicom 和 Super Famicom 主要游戏的销量

名　称	发售时间	类　型	开 发 商	销　量
超级马力欧兄弟	1985 年	平台动作	任天堂	4024 万套
俄罗斯方块	1984 年	益智	任天堂	3000 万套
打鸭子	1984 年	射击	任天堂	2830 万套
超级马力欧世界	1990 年	平台动作	任天堂	2061 万套
超级马力欧兄弟 3	1988 年	平台动作	任天堂	1728 万套
大金刚	1983 年	平台动作	任天堂	1000 万套
超级马力欧赛车	1992 年	竞速	任天堂	900 万套
塞尔达传说	1986 年	动作冒险	任天堂	650 万套
旅鼠	1992 年	平台动作	DMA Design Ltd[①]	500 万套
魂斗罗	1987 年	平台动作	科乐美	400 万套
拳无虚发	1987 年	动作格斗	任天堂	400 万套

数据来源：维基百科

对于这些问题，任天堂当时并没有足够重视，因为这些问题被另一个产

---

① 就是现在的 Rockstar North。

品的巨大成功掩盖了，这个产品就是 Game Boy。在主机大战的同时，掌机行业的大战也如火如荼地进行着。1989 年 4 月 21 日，任天堂 Game Boy 上市。Game Boy 刚上市时并不被看好，尤其是在彩色显示当道的年代，Game Boy 依然使用了黑白屏幕，有媒体记者甚至表示："这种不合时宜的产品就应该被扔进垃圾桶。"关于这一点，山内溥解释道："携带主机的优势就是'便携'，无论在汽车里还是飞机上，甚至登山和海水浴的时候都能够享受无所不在的娱乐。彩色液晶目前的技术导致电量的消耗非常迅速，显然不利于便携使用。"

精准的定位确实成就了 Game Boy，靠着 4 节 5 号电池能够使用超过 10 个小时，加上和 Famicom 一样有趣的游戏，Game Boy 成了第一个有世界影响力的游戏掌机。

1984 年 6 月 6 日，俄罗斯程序员阿列克谢·帕基特诺夫开发的《俄罗斯方块》上市，成为世界上最受欢迎的游戏之一，但因为特殊背景，其版权问题模糊不清，很多公司便打起了擦边球。任天堂北美分公司拿到了这款游戏的正式授权，一方面让《俄罗斯方块》成为 Game Boy 上最火爆的游戏，靠着捆绑策略，销量迅速突破 424 万套，另一方面也让已经生产了大量《俄罗斯方块》卡带的世嘉无法销售，世嘉因此蒙受了巨大的经济损失，任天堂的这个最强的竞争对手直接被"逼死"了。

除了《俄罗斯方块》这样的神来之笔以外，《精灵宝可梦》的成功也为 Game Boy 成为掌机时代的代名词增添了极大的砝码。

田尻智 1965 年出生于东京，父亲田尻义雄是一名口才出众的日产汽车销售员，因为对孩子有非常高的期待，所以给他取名为"智"，希望他未来可以聪慧过人。但事与愿违，田尻智既没有遗传父亲出色的口才，而且生性木讷，成绩也十分平庸，以至父亲很早就认为田尻智最好的出路是进入日产汽车工厂的流水线做一名装配工人。

20 世纪 70 年代，日本开始大规模开发田尻智生活的地方。随着森林鱼塘变成钢铁森林，田尻智又有了除研究昆虫之外的另一个爱好——玩电子游戏。田尻智沉迷的第一款游戏就是 Taito 的《太空侵略者》。和当年研究昆虫的爱好一样，田尻智靠着热衷钻研迅速成为《太空侵略者》的"专家"，并且将玩法传授给周围的小伙伴们。大家的游戏水平越来越高，导致游戏机厅的老板们收入越来越差，这让老板们十分恼火。最终，一家游戏机厅的老板岛田干脆送了一台二手的《太空侵略者》给田尻智，拜托他不要再影响他们的生意了。这台《太空侵略者》极大程度上激发了田尻智对游戏原理的兴趣，进而使其踏上了游戏开发的道路。

16 岁那年，田尻智参加了世嘉组织的游戏创意设计比赛并获得银奖。在进入高等专科学校以后，田尻智还创办了一本游戏同人志 Game Freak，第一批只制作了 20 册，这本用 A4 纸打印的黑白小册子开启了田尻智的游戏事业。

在此期间，Game Freak 因为刊登了一篇名为《铁板阵突破 1000 万点的解法》的攻略而名声大噪。这个攻略导致游戏投币率大幅下滑，南梦宫非常愤怒，对外宣称这个攻略不成立，同时散播消息说田尻智是个骗子，这让 Game Freak 和田尻智受到了不小的影响。不过意外的是，田尻智反而和《铁板阵》的制作人远藤雅伸成了朋友。

田尻智显然不甘心自己的人生仅仅是制作一本游戏同人志。在和远藤雅伸结识后，田尻智展示了自己的一些创意，其中一款名为 Quinty 的游戏策划方案深受远藤雅伸的认可，远藤雅伸便把他推荐给了南梦宫的创始人，也是当时的社长中村雅哉。因为对彼此的能力互相认可，双方冰释前嫌，南梦宫也出资支持了田尻智制作 Quinty。经过三个月的开发后，游戏顺利上市，总销量达到 24 万套，作为新人作品来说十分难得。田尻智靠着这款游戏赚到了 5000 万日元，为自己完成了原始积累。

1989 年 4 月 26 日，田尻智正式注册公司，仍旧命名为 Game Freak。而在注册完成五天前，任天堂推出了 Game Boy。

1990 年，田尻智在乘坐地铁时看到两个小孩用 Game Boy 联机游戏，便想到：如果做一款可爱小动物联机对战的游戏应该会很受欢迎吧。有了想法的田尻智立刻找到 Game Boy 之父横井军平。这次会面让横井军平十分兴奋，因为在那时，任天堂的长期第三方伙伴都不愿意在 Game Boy 上制作一线游戏，而田尻智对掌机的理解与横井军平不谋而合，于是双方开始了正式合作。

1990 ～ 1994 年，Game Freak 累计为任天堂代工了五款游戏，其中包括大名鼎鼎的《马力欧与瓦里奥》，Game Freak 把赚到的钱都用来开发那一款动物对战的游戏。此外，Game Freak 还拿到了 Creatures 的注资，解决了开发过程中的经济难题。

一直到 1995 年末，第一个版本的《精灵宝可梦：红/绿》完成了开发，但因为年末商战正酣，任天堂把卡带的主要生产力都给了其他销量有保证的大作或者是续作，默默无闻的《精灵宝可梦：红/绿》没有这种市场号召力，无法生产卡带的 Game Freak 只能继续等，这一等就到了 1996 年 2 月 27 日。

游戏上市后口碑并不好，《Fami 通》只给了 28 分（满分 40 分），刚刚及格而已，而销量更是惨淡，任天堂第一批制作了 28 万套卡带，结果订单量只有 12 万套，这几乎是一个无法接受的开端。但两个非常特殊的销售状况引起了任天堂内部的重视：一是虽然《精灵宝可梦：红/绿》的销量一直不高，但上市 4 周以后依然保持在前 30 名，这在当时平均每周都有 50 款游戏上市的市场中非常突出，除非超一线作品，否则很少有作品能在前 30 名坚持 3 周以上，更何况这种新作品；二是在此之前销量惨淡的 Game Boy 联机专用通信线居然出现了供不应求的情况，而多数买通信线的玩家就是为了联机《精灵宝可梦：红/绿》。综合这两点，任天堂意识到这款游戏后劲儿十足，进而调动了公司的大量宣传资源，甚至开始为其制作衍生品和动画。

《精灵宝可梦：红/绿》里默认有 150 只小精灵，但在制作期间，程序员森本茂树出于娱乐目的，设计了一款叫作"梦幻"的 151 号小精灵。田尻智知道这件事后，以卡带容量不足为由让森本茂树删掉"梦幻"，但森本茂树并没有真的将其删掉，而是设计了一些苛刻条件，满足这些条件的玩家能获得"梦幻"，"梦幻"成了游戏内的"彩蛋"。这种说法后来被否认过，确实，作为程序员在公司的人都不知情的情况下加入一个小精灵是一件难度极大的事情。但是"梦幻"作为隐藏"彩蛋"被玩家们口口相传，在很大程度上促进了游戏的销售。

最终，《精灵宝可梦：红/绿》连续157周位于销量排行榜前30名，在榜时间之长至今未被超越。除了游戏本身，《精灵宝可梦：红/绿》的两个版本一同销售的方式也在电子游戏史上独树一帜，时至今日没有任何公司可以成功模仿。

后来几年，《精灵宝可梦》征服了全世界的游戏市场。1998年下半年，《精灵宝可梦》第一次在北美上市，一经推出便一发不可收拾。鉴于美国电视的影响力，任天堂在美国发布了对应的动画片，在全美111家电视台同时播出，仅半年时间，《精灵宝可梦》的销量就突破惊人的1500万套，让无数媒体觉得不可思议。1999年11月，《精灵宝可梦》登上了《时代周刊》杂志的封面，标题为"皮卡丘狂潮"（Poke Mania），只不过文章全是酸溜溜的内容，说美国的年轻人喜欢皮卡丘已经超过迪士尼的米老鼠，并且认为"收集激发了未成年人的贪欲，让他们热衷于占有"，甚至把皮卡丘比作了欧洲童话里的"花衣吹笛人"，会把孩子骗走。

《精灵宝可梦》的第一世代包括在日本销售的《精灵宝可梦：红/绿》、在美国销售的《精灵宝可梦：蓝》以及1998年上市的《精灵宝可梦：皮卡丘》，总销量达到4680万套。而整个《精灵宝可梦》系列的总销量至今已经超过3亿套，是游戏史上非常成功的系列之一。

在《俄罗斯方块》《精灵宝可梦》的带动下，Game Boy在平地之上创造了一个比肩街机和电视游戏机的掌机市场。早在1994年，Game Boy的总销量就达到2800万套，占据当时游戏掌机市场80%的份额，"对手是什么"这件事情已经完全不需要任天堂的高层考虑,他们只要做好自己就行。1996 年,更小巧轻便的 Game Boy Pocket 上市。1998 年,使用彩色屏幕的 Game Boy Color 上市。2001 年,配置升级的 Game Boy Advance 上市。2003 年,升级版本的 Game Boy Advance SP 上市。2005 年,该系列最后一款主机 Game Boy Micro 上市。该系列累计销量超过 2 亿,成为游戏掌机的代名词。对于任天堂来说,日后即便被索尼夺下主机王位,也依然能够靠着掌机获得相当丰厚的利润。

图 4-1　Game Boy

图片来源:The Vanamo Online Game Museum,已进入公共领域

表 4-3　第四世代时期的掌机概况

名称	Game Boy	Atari Lynx	Game Gear	PC Engine GT
生产商	任天堂	雅达利	世嘉	日本电气
发售价格	12 500 日元 89.95 美元	189.99 美元	14 500 日元 149.99 美元	44 800 日元 299.99 美元

（续）

名称	Game Boy	Atari Lynx	Game Gear	PC Engine GT
发售日期	日本 1989年4月21日 美国 1989年8月 欧洲 1990年	美国 1989年9月 欧洲 1990年	日本 1990年10月6日 欧洲 1991年4月26日 美国 1991年4月26日 澳大利亚 1992年	日本 1990年12月1日 美国 1991年
销量	1.1869亿台（截至2013年12月31日），包括Game Boy Color	超过200万台（截至2007年7月30日）	1062万台（截至2007年7月30日）	150万台
媒介	卡带	卡带	卡带	存储卡
最佳销量游戏	《俄罗斯方块》（3500万套）	不详	《索尼克2》（4万套）	《PC原人》

数据来源：维基百科

第五世代

任天堂的霸主地位在主机的第五个世代被彻底颠覆，这个颠覆者就是日本电子业的超级巨头——索尼。

1988年，任天堂在研发Super Famicom期间，光盘技术已经开始成型，于是任天堂找到光盘技术研发公司之一的索尼，希望索尼可以为自己提供光盘技术。索尼立刻答应了这件事，但在合同里留了一个心眼。按照合同，索尼可以生产Super Famicom的兼容机，甚至可以不向任天堂开放，这台兼容机名为Play Station。一直到1991年，任天堂的律师才发现这个漏洞，于是任天堂终止了与索尼的合作，选择了同样具备光盘技术的另一家公司——飞利浦。这让索尼十分不悦，于是索尼找到被任天堂打得毫无还手之力的世嘉合作研发下一代主机。索尼方面曾否认过这个说法,但结合当时的新闻看又有可信度,所以真实性存疑。

飞利浦和任天堂在合作期间,上市了一款名为 CD-i（Compact Disc Interactive）的游戏主机。这款主机上的游戏都是任天堂授权给飞利浦开发的,飞利浦甚至还推出了三款《塞尔达传说》系列的游戏:《林克:邪恶之颜》(*Link：The Faces of Evil*)、《塞尔达:卡梅隆之杖》(*Zelda：The Wand of Gamelon*)、《塞尔达的冒险》(*Zelda's Adventure*)。但 CD-i 的游戏质量出奇地差,该主机作为上一世代的机型,却几乎没人知道,哪怕知道也只是因为 CD-i 上有一堆"毁三观"的游戏。最终 CD-i 的销量只有 57 万台,这让飞利浦彻底打消了进入游戏市场的想法。

在游戏主机的第五个世代,每家公司都认为自己会是最终的赢家。制胜的关键有两点:一是 3D 游戏的表现力,随着芯片技术的发展,3D 游戏成为这个世代必然会普及的一种表现形式,一款主机的 3D 游戏表现力就是赢下这场博弈最主要的因素;二是新的存储介质,随着 3D 游戏和更高的游戏分辨率的到来,游戏的存储需求越来越大,能掌握光盘这个最具性价比的技术会为游戏公司赢得先机。

游戏从 2D 到 3D 的改变,本质上是想象力层面的跃进,对屏幕内容的想象除了长宽以外,又多了一个深度的维度,这个概念早在很多年前就已经产生。

1976 年,雅达利制作了一款叫作《夜晚驾驶者》的游戏,游戏用简单的透视效果呈现了一种类似 3D 的效果。这款制作粗糙的游戏让当时的市场为之疯狂,进而开创了一个独特类型的 3D 游戏,相比较 2D 游戏来说,第一视角有明显的沉浸感。

1979 年,一款名叫《阿卡拉贝斯》(*Akalabeth*)的游戏让全世界玩家眼前一亮,虽然和《夜晚驾驶者》多少有些区别,但这款游戏为玩家呈现了一种类似第一视角的 3D 效果,是第一款使用这种效果的 RPG。日后,这款游戏派生出游戏史上最重要的游戏系列——《创世纪》。之后的一段时间里,这种展示效果在欧美 RPG 里非常流行，但因为展现形式过于单一渐渐不再使用，直到真正的 3D 效果大规模普及。

1992 年，id Software 推出了世界上第一款第一人称射击游戏《德军总部 3D》(*Wolfenstein 3D*)。虽然只是通过 2D 贴图来表现 3D 效果，和现在普遍认为的 3D 游戏并不是一个概念，但和以往所有的 "3D 游戏" 相比，《德军总部 3D》里面加入了对墙体和人物细节的描写，这在当时绝对称得上震撼，进而影响了日后的《毁灭战士》(*Doom*) 和《毁灭公爵》(*Duke Nukem*) 等游戏。

《德军总部 3D》的游戏引擎的编写者约翰·卡马克 (John Carmack)，日后被冠以至少两个重要的名号：世界上最优秀的程序员之一、3D 游戏技术的鼻祖。

在《德军总部 3D》上市不久后，id Software 又制作了《毁灭战士》。

1993 年 12 月 10 日，《毁灭战士》正式上市，一时间通过免费 800 电话预订的数量超过 25 万套，通过其他渠道购买的更多，总装机量超过 1000 万套。但《毁灭战士》过于火爆，引发了一系列社会问题，公司老板和学校老师都在抱怨有很多人因为玩游戏影响了工作和学习。以《毁灭战士》的出现为分界线，游戏行业出现了两种截然不同的方向：一种是以游戏性和创意为代表的传统日系游戏；一种是以技术和体验感为代表的美系游戏。也就是说，可以把《毁灭战士》看作现今欧美游戏的最早的模板。在很长的时间内，游戏行业甚至根本不用第一人称射击游戏（FPS）这个说法，大家说的都是 Doom-Like 游戏。

《毁灭战士》通过商业授权允许其他公司使用自己的游戏引擎，这是游戏史上的第一次，在一定程度上创造了一个新的细分市场，即游戏引擎市场。之所以这个市场在 3D 游戏时代到来，是因为开发设计的技术难度高，革新快，很多公司的技术实力跟不上这部分的革新。

不了解游戏行业的人容易误以为每款游戏的开发都是从头开始写代码，一直到写完整款游戏，这种想法没错，但不太严谨，因为有游戏引擎的存在，实际上每款游戏并不能说是完全从头开发的，游戏引擎会提供很多开发需要的工具，这些工具能辅助开发者加快开发速度。在 2D 游戏时代，几乎没有通用的游戏引擎，一是大部分公司对于引擎授权这件事持强烈的排斥态度，因为在游戏公司看来，游戏引擎本质上就是公司的核心技术，显然不能授予他人；二是 2D 游戏引擎相对来说开发成本较低，大部分公司自己也能完成，基本没有必要花钱去购买其他公司的引擎。也是因为 2D 游戏时代游戏开发相对容易，很多公司干脆没有开发自己的游戏引擎，每一款游戏直接从头开始写，相当多日本游戏公司就是这么做的。一直到 21 世纪，日本游戏公司才大规模使用游戏引擎来降低开发成本。

1994 年，3D Realms 公司制作了一款名为 Build 的游戏引擎，这款游戏引擎因为技术上有更明显的改进，迅速收获了大量的支持，其最主要的作品就是 3D Realms 自家的《毁灭公爵 3D》。几乎与此同时，id Software 又制作了一款 3D 游戏《雷神之锤》(Quake)，其制作的 Quake 引擎也被认为是游戏行业普遍进入 3D 时代的一个标志。

除了软件的革新以外，硬件的革命也不容忽视。

1994 年 3 月，三名工程师决定"密谋"一场革命，这三人分别为 SGI 的斯科特·席勒斯 (Scott Sellers)、Mediavision 的加里·塔罗利 (Gary Tarolli) 和罗斯·史密斯 (Ross Simth)，这场革命的主体公司为 3dfx。几个月后，该公司推出第一款 3D 图形加速芯片，并用了西非的一个古老宗教团体的名字命名——Voodoo。几天后，靠着这款革命性的产品，该公司拿到了 500 万美元的风险投资，进一步让这款产品实现批量生产。

1995 年 11 月，Voodoo 显示芯片的出现让游戏行业的人看到了一个机会——原来游戏的表现形式可以如此多样化，按照现在的说法，Voodoo 的出现给了游戏从业人员一种"突破次元壁"的感觉。并且，3dfx 还做了一件"大方"且有眼光的事情，也就是把自己的首批样品提供给各大游戏公司和游戏开发团队免费使用，包括 EA、Interplay 等知名公司，而大部分公司测试后决定支持这款显示芯片的硬件加速功能。

与此同时，美国第二大显卡生产厂 Orchid 决定推出首款 Voodoo 显卡。这枚显卡配置 4 MB 纹理缓存、2 MB 帧缓存、1 MB/s 三角形处理速度及 45 MB/s 的像素填充率，这个配置在那时成了这个领域内绝对的性能王者。

很快，Voodoo 占据了全世界超过 85% 的芯片市场，那时很多媒体认为 3dfx 会成为下一个世界级的科技巨头。

1995 年 8 月，微软正式推出 Windows 95，并在其中加入了 DirectX，帮助开发者更高效地访问外接设备，同时更高效地制作需要图形处理的相关产品，其中最直接的受益者就是游戏开发者。

1996 年 2 月，3dfx 做了一次重要的更新，宣布支持微软的 DirectX，以降低开发者的开发成本，同时避免用户使用自己的产品时需要附带过多的开发文件。这一年的 E3 展会上，Voodoo 成了绝对的主角，这个从 2D 到 3D 的技术突破可以说重新定义了游戏。

之后的日子里，大量软件和硬件厂商陆陆续续加入 Voodoo 的阵营。1997 年 2 月，3dfx 宣布支持《雷神之锤》的图形引擎 GL Quake，于是全世界的《雷神之锤》玩家把这款显卡推上了神坛。3 个月后，3dfx 上市，到年底，3dfx 推出 Voodoo 2，这款新品彻底点燃了全世界游戏玩家的热情。1997 年 11 月，Voodoo 2 上市，那时有人问 3dfx 的工程师，会不会担心技术被别人超越，这名工程师只是笑了笑没有回答。我想他把这个问题当作了一个玩笑，而他也有底气这么想，这款 3D 显卡的性能强悍到让竞争对手难以望其项背，那时几乎市面上所有的 3D 游戏都会印上 3dfx 的标志，以证明自己的游戏有强大的视觉效果。

真正发动第五代主机 3D 游戏大战的是一家全新的公司——3DO。3DO 依托于在北美市场颇具规模的 EA，这时的 EA 得到了任天堂和世嘉的眷顾，是非常成功的第三方游戏公司。3DO 也出手不凡，直接采用了 ARM 公司的 32 位 RISC 处理器，主频高达 12.5 MHz，拥有每秒 2 万个多边形的处理能力，这让 3DO 的主机拥有了当时市面上最强的 3D 处理能力。与此同时，

3DO 还采用了一种非常特殊的销售方式，3DO 自身并不制造主机，而只是设计基础架构，把具体的生产工作授权给其他厂商，自己赚取授权费。

这种模式一经推出就受到了很多厂商的推崇，包括三星、三洋和松下都选择加入 3DO 的阵营，《时代周刊》杂志甚至把 3DO 评为 1993 年的年度产品。3DO 备受追捧，很重要的原因就是当时的游戏公司对任天堂的大家长制度已经非常不满，但又不想把矛盾提到台面上，于是不约而同地鼓吹 3DO 的优越性，希望 3DO 改变游戏产业，这和之前鼓吹世嘉有些相似。

现实是残酷的，任天堂时代已经向世界证明，家用游戏机是一个需要花费很多精力经营的市场，而 3DO 未能做到。最终，3DO 第一年在北美市场只卖出 12.5 万台，在日本市场卖出 7 万台。很多从业者想到过 3DO 会失败，但没想到会失败得如此狼狈，这背后核心的原因就是一个字——贵。那时游戏主机的价格普遍在 200～400 美元，而 3DO 的价格远远高出这个区间，销量最高的松下生产的 3DO 主机的价格甚至达到 699 美元，高出其他主机接近一倍。3DO 的主机之所以这么贵有三个原因：一是批量太小，并且每家公司都没有勇气承担亏损，导致生产成本非常高；二是 3DO 需要收取一笔授权费；三是 3DO 的架构设计得过于复杂，甚至考虑了很多对抗家用计算机市场的体验，让硬件成本高出常规主机不少。

虽然 3DO 失败了，但彻底刺激了全世界的游戏从业者和玩家，让他们意识到，下一代主机已经近在眼前。世嘉最快做出了反应，推出了新一代主机土星——以太阳系的第六颗行星命名，对应的是世嘉的第六代机。在土星上市初期，因为对市场的理解不同，同时世嘉北美和世嘉日本分别有自己强力的技术团队，世嘉北美和世嘉日本一度互相竞争。一方面世嘉日本的土星准备上市，另一方面世嘉北美还在 MD 的基础上做了一个增强版的 32X，这增加了玩家的选择负担。

在土星上市时，世嘉砸下血本，在美国市场投入超过 5 亿美元的广告费。但因为游戏不足，并且北美和日本分部的矛盾越来越激化，甚至引得高管大批离职，最终土星成了这个世代第一款失败的主机，销量只有 926 万台。

世嘉为这个世代留下了一个非常重要的遗产——《VR 战士》。虽然这款游戏销量很差，评价也一般，但它是一款非常成熟且画面优秀的游戏，让人们第一次见识到 3D 游戏的魅力，比 3DO 给玩家们带来的冲击要更加强烈。这款游戏很大程度上影响了这个世代的主角——索尼，就是在《VR 战士》出现以后，索尼确信 3D 游戏的市场是大有可为的。

索尼最早打算进入游戏市场是在 1988 年，当时久多良木健建议公司推出名为 Game Man 的便携式游戏机，但因为执行力问题，到将要完成设计时，任天堂的 Game Boy 已经成为市场霸主，索尼便放弃了这款机器。未来索尼再次进入掌机市场已经是十几年后的事情了。

1993 年 11 月 6 日，索尼电脑娱乐公司（SCEI）成立，由索尼总公司和索尼音乐娱乐公司各出资 50% 组建，索尼音乐娱乐公司总裁出任社长。对于技术实力强大到傲视全世界的索尼来说，研发一台主机不存在任何技术问题，需要考虑的是怎么经营。一番讨论后，索尼确定了和任天堂相似的优先考虑软件厂商的思路："价格绝对不能超过 5 万日元。其中软件价格绝不能超过 1 万日元。单款游戏 5000 日元的定价既可以让用户大量够买，畅销的话也能让设计者有钱赚，我们也有利可图。于是，如果买两款软件的话就需要 1 万日元，5 万减 1 万，因此新主机定价 39 000 日元。"

1994 年 10 月 27 日，索尼宣布将推出一款游戏机 PlayStation，简称 PS。索尼继续使用了和任天堂合作时的名称，只删了一个空格。这一方面是要证明自己的努力不会白费，这个项目是要继承自己之前的成果，另一方面也是对任天堂的挑衅，赤裸裸的挑衅。

1994 年 12 月，PlayStation 在日本上市，但是任天堂完全没有重视这个对手，山内溥当时还说出"PlayStation 能卖出 100 万台就头朝下走路"这样的大话。这种自信一方面源自于自己在和索尼合作的过程中发现索尼对游戏行业的了解很浅薄；另一方面是先后打败数家主机厂商以后，任天堂觉得自已无所畏惧了。这种自大的心态让任天堂日后吃下了自己埋下的苦果。

　　PlayStation 的定价是 299 美元，比世嘉的土星要便宜 100 美元，让土星直接丧失了竞争力，这成为土星"暴毙"的重要原因之一。在 PlaySation 之前，多数游戏主机几乎没有利润甚至轻微亏本销售，但从来没有一家公司能够像索尼这样将价格压低到这种程度。事实上，这个价格让索尼面临着巨大的亏损，其他公司根本无力承受。索尼之所以这么做是从剃须刀厂商得到了启发，剃须刀的销售可能是不赚钱的，真正赚钱的是刀片。对于索尼来说，刀片就是游戏。

　　PlayStation 除了众所周知的高配置带来的超高画质效果以外，还有一点为游戏史带来了极大的影响。全世界卡带游戏的销售，从雅达利时代开始，都是计划销售模式，意思是，如果一家公司想要生产游戏，要先联系卡带生产厂估算一个大概的销量，之后付给生产厂全款，让生产厂生产这些数量的卡带，再去联系渠道销售。这种销售模式有两个非常明显的缺点：一是游戏开发商必须精确地估算市场上需要的卡带数量，如果估算多了，剩下的部分销售不出去就全是成本，如果估算少了，再次找工厂生产又要等很久，而估算卡带销量这件事除了需要对游戏市场和游戏本身有深刻的理解以外，更像是一种玄学，从 Famicom 到 N64 世代，几乎没有游戏真正成功地估算出较准确的销量；二是卡带本身成本就很高，加上还要现款交易，所以游戏公司不得不将大量资金用在生产上，而索尼彻底改变了这个模式。

　　和任天堂相比，索尼的 PlayStation 有两个巨大的优势：一是用 CD 作为载体，成本远低于卡带，生产速度也快得多，从下厂到零售店，CD 的上架速度比传统卡带至少要快两倍以上；二是索尼有全世界最庞大的 CD 流通渠道，索尼音乐娱乐公司的参与就是为了方便地使用销售渠道。所以索尼的做法是：首先，帮助所有厂商解决 CD 的生产问题，可以从一个较小的数字开始生产，不用占用大量资金；其次，负责把 CD 推广到音像店和电子商店等场所，在这之前，大部分游戏机不是在电子商店销售，而是在玩具店；最后，凭借自身的经济实力,加快了对游戏厂商的结款速度。简而言之就是索尼解决了第三方厂商的所有后顾之忧。游戏行业 CD 的普及预示了两件事:一是降低游戏的流通成本是刚需;二是游戏公司对很多蝇头小利格外在乎。这也是日后数字游戏行业厂商们格外重视的两个板块。

在 Famicom 时代,任天堂成立的初心会也要分走一部分收入,加上更高的成本,如果没有优惠的话,游戏公司能拿走的收入只有不到 30%。到了索尼这里,因为 CD 的成本更低,同时索尼并没有类似初心会的机构二次盘剥开发者,所以开发者能拿到的比例已经提升到 40%。在日后的世代里,开发者能拿到的比例越来越高。而多年以后,Epic 也是靠着这看似不高,但是游戏公司格外重视的分账比例冲击了 Steam。

这一系列做法让索尼迅速吸引到大量新兴游戏开发商,但真正让索尼阵营获得胜利的关键是史克威尔。在索尼和任天堂就 Super Famicom 合作时,任天堂出面委托史克威尔制作一款基于光盘平台的游戏。后来因为索尼与任天堂的合作停止,这款游戏最终流产,任天堂也没有继续和史克威尔合作,这让已经投入很多的史克威尔十分不满,进而在 PlayStation 上市后跟索尼合作开发了一款《妖精战士》。这期间甚至传言史克威尔泄露了任天堂的大量技术细节给索尼,这让一贯强势的任天堂无法容忍。当时软件销售有很多门道,比如大部分游戏软件即便需求量极大也不会一次性投入市场,而是分批投放,按照现在的说法就是饥饿营销,为的是稳定游戏价格和需求平衡。1995 年,愤怒的任天堂单方面把史克威尔制作的游戏《圣龙传说》的 90 万份拷贝一次性投放市场,致使大批供应商恐慌性低价抛售这款游戏,让史克威尔直接背上 34 亿日元的亏损,濒临破产。任天堂希望通过这个手段惩罚"逆子",让其明白谁才是真的靠山,但谁也没想到,这次事件让愤怒的史克威尔彻底改换门庭,开始全心全意给索尼开发游戏。

1995 年,PlayStation 在日本、北美、欧洲三个市场分别发行了 78 款、47 款、34 款游戏;1996 年,这三个数字上升到 219 款、186 款、107 款。这些数字足以表明 PlayStation 已经走上正轨，距离迎来辉煌仅仅一步之遥。

1997 年 1 月 31 日，史克威尔的《最终幻想 7》上市，这款游戏原计划在任天堂的 N64 平台发行，但因为任天堂的报复行为而改为在 PlayStation 上发行。在《最终幻想 7》之前，无论日系 RPG 还是欧美 RPG 基本上是简单地借文字叙事推进游戏剧情，延长游戏时长主要靠控制关卡怪物和迷宫的难度，而《最终幻想 7》呈现了另一种可能。这款游戏有当时市面上最好的 3D 效果，有电影级 CG 动画，还有完全电影化的叙事手法。游戏的每个场景都使用了特殊的电影化的镜头语言，而不是给所有场景统一的视角，这种表现手法也在之后一段时间被大量 3D 游戏所使用。市场对这款游戏的反馈近乎疯狂，几乎所有游戏媒体都给出了接近满分的评价。在日本销售的前三天创造了 230 万套的惊人销量，即便在日系游戏相对弱势的北美市场也创造了上市当日 30 万的破纪录销量。最终，PlayStation 版的销量达到 980 万套，成为 PlayStation 上销量第二高的游戏，仅低于《GT 赛车》，同时也成为单款主机上有史以来销量最高的 RPG。因为《最终幻想 7》的火爆，PlayStation 的销量直接超越了包括任天堂在内的所有竞争对手，进而发生了多米诺骨牌效应，大量游戏厂商，包括艾尼克斯、哈德森等公司都看到 PlayStation 有利可图而相继倒戈，其中艾尼克斯把另外一个 RPG 王牌《勇者斗恶龙》也放到了 PlayStation 上。日后人们谈论《最终幻想 7》这款游戏的意义时，除了认为它改变了 RPG 的展现形式以外，更认为索尼就是靠着这款游戏打败了任天堂，让全世界游戏行业迎来了一次大洗牌。

任天堂这时的应对是不及时的。1994 年 PlayStation 上市时，Super Famicom 还在热销期，任天堂不想提前结束 Super Famicom 的生命周期，所以对下一代主机的积极性不高，但从技术上来说，PlayStation 几乎已经碾压 Super Famicom。1995 年，任天堂推出了一款技术极其不成熟的 Virtual Boy，这款世界上最早的 VR 游戏机几乎让全世界所有的媒体和玩家给出了差评，最终只卖出 77 万台，是任天堂销量最差的主机。

图 4-2　传奇游戏《最终幻想 7》

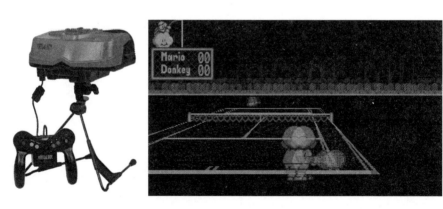

图 4-3　因技术不成熟，显示效果不佳的 Virtual Boy
图片来源：The Vanamo Online Game Museum，已进入公共领域

因为 Virtual Boy 的失败和 PlayStation 的爆红，任天堂终于意识到自己必须尽快推出后续机型，于是就有了 Nintendo 64，简称 N64。但为时已晚，N64 上市比 PlayStation 晚了接近两年的时间，这时 PlayStation 的销量已经突破千万台。更糟糕的是，任天堂依然选择了卡带作为载体。

任天堂采用卡带的原因很简单：一是 CD 这种形式缺乏硬件保护，相对容易盗版；二是 CD 需要缴纳专利费，这让任天堂不能接受；三是卡带的生产成本高且复杂，任天堂可以保证第三方厂商不会跳过他们发行游戏。

然而，当时的光盘存储容量为 650 MB，而卡带最大的容量只有 64 MB，差距巨大。显然任天堂低估了卡带存储空间小导致的严重后果。虽然 N64 的 3D 游戏处理能力很强，但是存储空间小严重限制了 N64 的表现力，一直到 N64 末期，任天堂没有推出一款对得起其处理能力的 3D 游戏。

更重要的一点是，卡带的成本过高，每个卡带的平均生产成本在 25 美元，而 CD 的成本低于 10 美元。之后的两年时间里，CD 的成本被索尼压缩到 5 美元以下，反而卡带因为销量不足和良品率等，价格一直在上涨，同时卡带的物流和仓储成本也要明显高于 CD。这种成本差距致使 N64 的游戏价格一直在 70 美元以上，而 PlayStation 的游戏一直在 50 美元以下，直到今天，这仍是同世代主机游戏最大的价差，导致大批玩家"叛逃"。

后来任天堂发售了扩充空间用的 64DD，但无法解决根本问题。在 Super Famicom 时代，任天堂就做过硬件扩充，但纵观游戏机史，这种扩充设备的方式几乎全都失败了，绝大多数玩家玩游戏是希望一步到位的。

表 4-4 N64 时代主要存储方式对比

名　　称	卡　带	64DD	CD
存储容量	4 ~ 64 MB	64 MB	650 MB
读写能力	可读可写	可读可写	只读
生产难度	极高，10 ~ 12 周	生产简单	生产最简单，7 ~ 10 天
成本	极高，约 25 美元	一般	极低，低于 10 美元
读写速度	最快，5 ~ 50 MB/s	一般，503.70 ~ 1043.39 KB/s	最慢，300 KB/s
盗版难度	高	高	低

数据来源：维基百科

图 4-4　N64 和 64DD 拼在一起的效果

图片来源：The Vanamo Online Game Museum，已进入公共领域

此外，N64 的游戏开发难度极大，很多游戏厂商积极性不高甚至想积极也积极不来。截至 1997 年，PlayStation 已上市和在开发的游戏超过 400 款，土星有 200 款左右，而 N64 只有 60 款左右，其中第三方游戏更是少得可怜。其实并不是因为游戏厂商不想在 N64 平台上开发，只不过这些第三方厂商到 N64 寿终正寝也没搞明白到底怎么给 N64 开发游戏。这不是开玩笑，N64 世代真的有第三方厂商花了几年的时间都没为这款主机做出来一个游戏的试玩版。

虽然 N64 遇到了种种问题，但任天堂还有最后一个杀手锏，那就是第一方游戏。严格意义上来说，任天堂在 N64 世代贡献的第一方游戏质量非常出色，《塞尔达传说：时之笛》《超级马力欧 64》《纸片马力欧》等都是"神作"级别的作品，但也没能掩盖先天的严重缺陷。最终 N64 的销量为 3293 万台，而 PlayStation 的销量为 1.0249 亿台。

索尼新王"登基"。

表 4-5　PlayStation 早期主要游戏销量排名

名　称	上市时间	开 发 商	类　型	销　量
GT 赛车	1997 年 12 月	索尼	竞速	1085 万套
最终幻想 7	1997 年 1 月	史克威尔	角色扮演	980 万套
古墓丽影	1996 年 10 月	Eidos	动作冒险	710 万套
古惑狼	1996 年 9 月	索尼	平台动作	680 万套
古墓丽影 2	1997 年 12 月	Eidos	动作冒险	680 万套
铁拳 2	1996 年 3 月	南梦宫	格斗	580 万套
古惑狼 2	1997 年 11 月	索尼	平台动作	520 万套

数据来源：维基百科

第六世代

在主机的第六世代，最先有动作的依然是世嘉。

世嘉有一个特点——"神经刀"，经常会做出一些匪夷所思的决策。比如世嘉曾经在万众期待下宣布选择使用市面上最好的显卡 Voodoo，结果在最终上市时却放弃了 Voodoo，这导致一系列北美厂商停止了与世嘉的合作；世嘉还使用了极其不成熟的 GD-ROM 技术，导致其主机不能播放 CD 和 DVD；世嘉甚至还和微软合作在自己的平台上开发了 Windows CE 系统，然而根本没人用。当时世嘉做的唯一相对正确的决定是，以 199 美元的极低价格销售 Dreamcast，1998 年 11 月和 1999 年 6 月分别在美国和日本上市。但是低廉的价格依然没有改变世嘉的悲剧，主机上市初期确实取得了相当不错的成绩，但因为缺少游戏支持，之后销量出现断崖式下滑。

Dreamcast 是一款无限接近成功的产品，知名游戏制作人铃木裕在 Dreamcast 上制作了一款在游戏史上具有重要意义的游戏《莎木》。在这款游戏里，玩家有超高的自由度，甚至几乎可以和所有 NPC 互动，这些元素成为日后开放世界游戏的标配。从这个角度来说，《莎木》很有可能创造《最终幻想 7》之于 PlayStation 的奇迹，靠着一款游戏扭转一台主机的命运。但最终《莎木》还是没有做到，因为这款游戏的元素过于繁杂，经常出现玩家无所适从，不知道该干什么的情况。《莎木》虽然从从业者那里收获了超高的口碑，但是并没有赢得市场，总销量只有 120 万套，而续作《莎木 2》在 Dreamcast 上的销量更是低到只有 15 万套。更重要的是，《莎木》是当时游戏史上投资最高的游戏，而且作为世嘉的第一方游戏，给世嘉带来了沉重的经济负担，也就是说，《莎木》不光没有拯救 Dreamcast，反而成了世嘉失败的推手。

图 4-5　有大量中国文化元素的《莎木》

索尼的 PlayStation 2 比 Dreamcast 晚上市 15 个月，配置与之相当，但索尼也犯了一个错误。PlayStation 2 使用了定制的 CPU 和 GPU，导致游戏开发的难度极大，惹得一批游戏开发者不开心。不过索尼没有置问题于不顾，他们在后期拼命修正这个问题，开发了大量降低开发门槛的工具。而且索尼的运气非常好，此时第三方游戏引擎已经开始普及，进一步降低了游戏的开发成本，只要引擎方的技术支持到位，开发者依然可以以低成本开发游戏。

图 4-6　PlayStation 2 和 PlayStation 2 Slimline
图片来源：The Vanamo Online Game Museum，已进入公共领域

PlayStation 2 的胜利得益于强大的第三方游戏阵容，首发游戏有《装甲核心 2》《死或生 2：核心版》《真三国无双》《NHL 冰球 2011》《山脊赛车 5》，远比同时期其他任何主机游戏优秀得多，而当索尼再宣布《最终幻想》

续作登陆 PlaySation 2 时，基本是在向外界宣告最后的获胜者是自己。

一直到 2001 年 9 月，任天堂才推出自己的下一代主机 GameCube。任天堂尝试修正了 N64 的大部分问题，比如采用容量相对较大的光盘，比如尽可能降低第三方开发者的开发门槛，再比如出台一些对第三方开发者友好的政策——虽然不是很成功，第三方游戏也并不多。此外，更吸引人的是，199 美元的价格是同世代主机中最低的，相比较前一代性价比有明显的提升。但 GameCube 一上市就遭遇了事先没有预料到的批评——外形设计玩具感太强，导致玩家不认为这是下一代主机。更糟糕的是，在 GameCube 世代，任天堂的第一方游戏的质量出现了断崖式下滑。

图 4-7　外观像玩具的 GameCube

图片来源：The Vanamo Online Game Museum，已进入公共领域

历代任天堂游戏主机都有《塞尔达传说》和《超级马力欧》两个系列的新作保驾护航，而且一直有质量保证，但到了 GameCube，作为扛鼎之作的《超级马力欧阳光》遭遇了口碑危机，媒体和玩家高度一致地给出了差评。游戏缺乏足够的创新性，完成度不高，到年末销量只有 60 万套而已。

而《塞尔达传说》的续作《塞尔达传说：风之杖》一直到 2002 年的 E3 游戏展才正式对外宣布消息，虽然游戏质量不错，媒体评分也很高，但依然像半成品，后期完成度不高，而且因为上市时间太晚，已经无法挽回 GameCube 的败局。

GameCube 最终只卖了 2200 万台，是真正意义上的惨败。

在这一世代的主机大战里，PlayStation 2 是毫无争议的胜者，让其他对手望尘莫及。PlayStation 2 的销售周期长达 12 年，官方支持周期更是有 18 年，总销量达到 1.55 亿台，是有史以来销量最高的游戏主机。

除了强大的第三方游戏支持以外，PlayStation 2 还使用了标准的 DVD-ROM，容量在 4.7 GB ~ 8.5 GB 之间，而世嘉用的是既不支持 CD 也不支持 DVD 的 GD-ROM，任天堂则使用了一个定制版的 mini DVD-ROM，这个定制版不能播放 DVD 碟片，而且容量也是三款机型里最小的 1.5 GB。也就是对大部分玩家来说，只要买一台 PlayStation 2，就可以在客厅播放 DVD，而买其他的主机，还要多买一台 DVD 播放器。这才是客厅大战真正的核心，你要解决的是一家人的需求。有那个时期的玩家调侃，如果跟老婆说买一台游戏机，老婆不一定同意，但如果说买一个 DVD 机，基本没问题。

从另一个角度来说，这是索尼作为一个泛娱乐巨头最强大的地方。索尼有世界上最优秀的 DVD 技术研发团队，有自己的电影公司和音乐公司，还有自己的第一方游戏团队和庞大的第三方支持者，这些资源只要利用起来，几乎是其他公司无法比拟的。

看到索尼赚得盆满钵满，另一家科技巨头微软终于按捺不住了。Windows 是当时世界上占有率最高的操作系统，而 PC 也是一个最主要的游戏平台，但是在欧美市场依然无法和传统的主机游戏市场相提并论，这块蛋糕自然让微软心痒难耐。当时的微软既不缺技术，又不缺钱，决定做游戏主机也就变得理所当然。

早在 1998 年，微软就考虑过制作自己的游戏主机，当时的想法是使用 Windows 系统制作一个类似机顶盒的设备，但这个想法最终不了了之了。后来微软和世嘉合作推出了针对 Dreamcast 平台的 Windows CE 系统，但 2001 年世嘉已经走到破产边缘。最终微软还是决定自己开发一代主机，在 GameCube 发布两个月以后，微软推出了他们的 Xbox。

Xbox 除了吹响微软进军游戏主机的号角以外，还有一层意义，它象征了北美游戏机市场的绝地反攻。在雅达利失败以后，全世界游戏机市场彻底被日本占领，这对于在娱乐和科技领域优越感极强的美国人来说是无法接受的。3DO 曾经承载了北美从业者的期待，但并没有成功，所以 Xbox 也让美国的游戏机从业者为之精神一振，美国公司重新夺回市场的时候到了。

Xbox 在筹备期间遇到了巨大的阻碍，早在策划期间，微软团队就估计 Xbox 一年会给公司带来 33 亿美元的亏损，这个数字让这个项目遭到了公司内部很多人的反对，因为对于任何公司来说，33 亿美元都不是一个小数字，但比尔·盖茨还是决定硬着头皮把这个项目做下去。

微软的 Xbox 相比较其他主机有非常明显的优势，采用了市面上最主流的 PC 硬件，这让开发的难度变得非常低，而且 Xbox 的机能极强，远胜于 PlayStation 2 和 GameCube。但是对于玩家来说，这好像就是一款定制系统的 PC。

Xbox 在北美市场表现不错，但在其他市场几乎完败，可微软毕竟是全世界最有钱的公司，这点亏损和挫折对它来说算不上什么。

最终，Xbox 的销量为 2400 万台，略微好过 GameCube。

从这个世代开始，游戏机市场基本定型，索尼、任天堂、微软各守一方，都有自己稳定的消费群体，这个市场基本上不会再有第四家公司进入。

家用主机行业进入了第七世代。

第七世代

2004 年，任天堂社长岩田聪在一次采访里说道："游戏走进了死胡同。用先进的图形技术创作复杂的游戏，这曾经是获得成功的金科玉律，可是现在已经失效了。最大的问题是，开发者需要满足硬核玩家，这些人希望游戏内容更丰富、更复杂；但是，他们也需要满足一般玩家，这些人对游戏没什么认知。显然，如果我们还不改变，游戏就没有未来。"

这句话代表了这个世代任天堂的核心思想。

2004 年 11 月，任天堂推出了新一代掌机 DS，这个看起来十分奇怪的掌机在当时几乎无人问津。但任天堂突然开窍，明白了游戏市场不应该纯粹比拼画面，并且不是所有玩家都是核心玩家，于是在 DS 系主机上制作了大量风格极其鲜明的游戏，《任天狗》《脑锻炼》《超执刀》等明显不像是传统掌机游戏的游戏大火。这样的结果印证了岩田聪的话，DS 成功引起了一些非核心游戏玩家的注意。最终 DS 系主机一共卖出 1.5402 亿台，超越了 Game Boy 系列，成为有史以来销量最高的掌机。后续机型 3DS 又卖了 7571 万台。

在任天堂推出 DS 前后，索尼也推出了自己的掌机 PlayStation Portable，简称 PSP。PSP 的画质远胜于 DS，但因为价格太高销量不是特别理想，但也成功挑战了任天堂在掌机市场的地位，总销量达到 7630 万台。PSP 在中国的普及率非常高，而相当多中国用户买 PSP 并不完全是为了玩游戏，而是把它当作一个综合性移动娱乐设备，那些年甚至专门有平台压制能够在 PSP 上播放的电影。

这一世代，最先发布的主机是微软的 Xbox 360。2005 年 11 月，微软的 Xbox 360 率先上市，和任天堂的逻辑相似，他们把它定位为一台综合性的娱乐主机，而不单单是游戏机，但和任天堂的区别在于微软把着重点放在了更丰富的媒体功能上，复杂的网络服务、IPTV 和 Netflix 的流媒体订阅全都做到了 Xbox 360 上。

图 4-8　PSP

图片来源：The Vanamo Online Game Museum，已进入公共领域

在这一代 Xbox 360 上，还出现了两款顶级的射击游戏《战争机器》和《光环 3》，让 Xbox 360 收获了大量射击游戏玩家的好评。Xbox 360 精准地把握了欧美玩家的喜好——很简单的"枪车球"[①]，事实也证明这种思路是完全正确的。

2006 年 11 月，索尼的 PlayStation 3 上市，招牌仍旧是他们的存储技术，这一次索尼选择了蓝光。除此以外，索尼也增加了原本不擅长的、和 Xbox 360 类似的网络服务 PlayStation Network。

几天后任天堂的 Wii 上市。Wii 采用了和 DS 类似的思路，认为游戏机应该是一个家庭中所有人都可以玩的，所以加入了体感手柄，让玩家在客厅里动起来。此外，Wii 还做出了一个极为大胆的改变，彻底放弃了比拼画质，把游戏和宣传重点都放在了家庭娱乐上。这是游戏机厂商第一次主动放弃高画质。

在体感游戏这条道路上，微软也参与其中，推出了 Kinect。和 Wii 不同的是，Kinect 采用了光学信号捕捉玩家的动作，玩家不需要手里拿着手柄。从结果来说，Kinect 是一个极其成功的产品，上市两周便卖出 800 万台，最

[①] 指射击、赛车、体育游戏，在欧美市场的爆款游戏里，这三类游戏的比例最高，比如 EA 就是靠着这三类游戏成为游戏界的巨头。所以从业者经常用"枪车球"直接代指这三类欧美玩家的主流游戏。

终销量超过 3500 万台。

多年以后，微软基本放弃了 Kinect 这个品牌。对于大部分公司来说，要专门为一个体感平台制作游戏投入过大，而现有游戏适配体感又不一定符合游戏本身的定位，这也是新的交互方式在推广方面都会遇到的问题。后文提到的 VR 设备遇到严重的推广障碍，也是同样的原因。日后三大主机厂商基本放弃或者弱化了体感设备。

这次主机大战的焦点一开始就很奇怪，主要原因是定价的差异太大了，Wii 卖 249 美元，Xbox 360 卖 299 美元和 399 美元，而 PlayStation 3 卖到了 499 美元和 599 美元。Wii 因为放弃高画质所以价格很低，而 PlayStation 3 又太贵了。

PlayStation 3 售价贵纯粹是因为成本高，索尼在 PlayStation 3 里面放了一个当时最强的"大脑"Cell——一款索尼和 IBM 合作定制的芯片。Cell 的累计开发费用高达 40 亿美元，这笔钱哪怕在通用芯片领域也是非常高的，可以说 IBM 为此付出了巨大的代价。IBM 为了减小这次巨额投资带来的影响，甚至把部分技术出售给了微软。

这块芯片赋予了 PlayStation 3 惊艳的画质，但也带来了让公司难以承受的高昂成本，虽然价格已经够高了，但每卖出一台索尼还要承担上百美元的亏损。

到 2006 年，整个游戏市场的局面基本上已经非常明朗：Wii 占领了轻度玩家市场；Xbox 360 和 PlayStation 3 的目标市场非常相似，但 Xbox 360 便宜，同时在这个世代微软也靠着巨额补贴拿下了大量第三方游戏厂商的合作，更重要的是 Xbox 360 的上市早了整整一年。

在 2008 年的 E3 游戏展上，发生了知名的"拍肩门"事件。Xbox 360 的项目负责人演讲完毕准备退场时，Square Enix 的和田洋一走上台，轻轻拍了一下他的肩膀，示意他有话说，之后《最终幻想 13》出现在大荧幕上：这款 PlayStation 的独占作品要发售 Xbox 360 版了！这在全世界的游戏玩家中炸开了锅，谁也没有想到微软可以做到这一点。之后《山脊赛车》《皇牌空战》《鬼泣》等大作陆续登陆 Xbox 360。

这时，很多人都开始"唱衰"PlayStation 3，但谁也没想到，索尼最终居然缓了过来。索尼并没有做什么惊为天人的操作，是自己的主要竞争对手微软因为"三红问题""猝死"了。

前一代的 Xbox 因为体积过大、外形粗犷而被玩家嘲笑，于是微软就缩小了新一代 Xbox 360 的体积。虽然外观得到了明显的改善，但微软却忽视了散热问题。随着玩家玩的时间越来越长，一些玩家的主机出现了开机按钮周围会亮起来三个红灯的情况，这代表 Xbox 360 已经永久性死机，彻底坏了，这就是"三红问题"。三红事件的发生频率越来越高，某些批次甚至超过 50%，这让 Xbox 360 的销量出现了断崖式下滑。更重要的是，微软在这个问题的售后上花费了巨额补贴，导致整个 Xbox 360 陷入了无止境的亏损当中。

微软是游戏机市场最成功的搅局者，但没能做成行业第一。无论在 Xbox 时代还是 Xbox 360 时代，微软都做出了自己的成绩，只是一直没达到任天堂和索尼行业霸主的高度。最核心的原因还是微软缺乏游戏基因，它在游戏行业的成就很大程度是靠资金堆出来的。在这连续两代主机上，微软支出了数十亿美元的补贴，也因此没有在游戏机市场上赚到多少钱。虽然微软成为占领客厅的三家公司之一，但另外两家赚得盆满钵满，只有自己一直在倒贴钱。微软在这个世代不算是失败者，但确实错过了取得更大成功的机会。

最终，价格便宜的 Wii 以 1.02 亿台的销量成为这个世代的冠军，PlayStation 3 和 Xbox 360 分别卖了 8740 万台、8400 万台。此外，索尼的 PlayStation Portable 还卖了 8100 万台。

从这个世代开始，游戏开发的技术要求越来越高，投资越来越大，但日本因为 PC 技术相对落后且计算机人才出现断档，所以日本公司在开发技术上已经明显掉队。这件事在当时并未引人注意，但日后整个日本游戏产业埋下了不小的隐患。

第八世代

到了第八世代，智能手机尤其是 iPhone 上出现了不少优秀的游戏作品，导致掌机市场迅速萎缩，任天堂和索尼都受到了不小的打击。

任天堂选择正面对抗 iPhone。2011 年的 E3 游戏展上，任天堂推出了 Wii U，把主机和掌机合二为一，其中掌机部分就是在针对 iPhone。但 Wii U 的控制器非常重，体验很差，同时待机时间极短，导致一上市就"差评如潮"，之后任天堂的股价掉到了 2006 年以来的最低点。此外，任天堂还推出了支持裸眼 3D 技术的 3DS，虽然销量还可以，但是远低于 DS。

最终，Wii U 的销量只有极其惨淡的 1300 万台，而且因为画面表现实在太差，甚至被人调侃根本不属于第八世代的主机。显然任天堂在这个世代已经彻底落后了。

2013 年，索尼的 PlayStation 4 和微软的 Xbox One 同时上市，两台主机都配置了 AMD 的 X86 构架的 Jaguar 处理器。到了这个世代，这两家的硬件框架已经十分接近，都是家用计算机的变种而已，这让游戏移植变得非常容易，也是从这时开始，独占游戏越来越少。而因为游戏移植容易，所以高投入 3A 游戏越来越多，毕竟不用只依赖一个平台了。

图 4-9　Xbox One

图片来源：The Vanamo Online Game Museum，已进入公共领域

图 4-10　PlayStation 4
图片来源：The Vanamo Online Game Museum，已进入公共领域

微软吸取了前一代的教训，把 Xbox One 的主机做得大了一点儿，保证不会有散热问题，结果就是又回到了 Xbox 时代的笨重外形；此外，Xbox One 强制捆绑体感游戏使用的 Kinect 销售，无形之中拉高了价格。为了打击盗版，微软又强制玩家联网，并且全部游戏必须安装到硬盘上，而一款游戏如果想要安装到更多的主机上，就需要再次付费，也就彻底禁止了二手游戏交易。与此同时，索尼的做法是什么都不限制。很快，索尼就因为微软的一系列操作不战而胜。虽然日后微软取消了 Xbox One 的大部分限制策略，但为时已晚。

限制二手游戏交易让微软陷入了极大的争议。进入 21 世纪第二个 10 年后，有一件事已经非常明显，因为全世界都面临着"少子化"的问题，游戏的消费群体出现了非常明显的增长停滞。另外，随着机型性能越来越强，显示器分辨率越来越高，玩家对游戏画质的要求也越来越高，导致游戏的开发投入激增。到 2012 年，一款 3A 大作的开发投资比 10 年前翻了一倍以上，并且还在持续上涨，而游戏公司的收入上涨却十分有限。

所有游戏从业者都清楚这件事，每个游戏公司也都在想怎么提高收入，二手游戏收入就是一个所有人都知道但没人敢动的部分。在传统 3A

游戏市场，二手游戏的流通占据了整个市场 20% ~ 40% 的份额，而这部分收入和游戏公司毫无关系，如果能拿下这部分收入，显然可以缓解游戏公司的困境。微软的 Xbox One 就是想要解决这个问题，但是手段过于激进，直接得罪了玩家。事实上，整个电子游戏市场推广数字游戏都是一样的原因，就是为了减少二手游戏的流通比例，让更多的利润流入游戏公司。

早在 1998 年，索尼就曾经和二手游戏有过一次斗争，并打起了官司。当时索尼意识到，游戏厂商在卖出光盘后就失去了控制权，这时光盘再怎么销售已经和厂商无关，很多玩家会把已经玩过的游戏拿到二手商店去销售。这种行为实际上导致了一个非常糟糕的结果，就是每一款游戏的销售基本在拼首发，意思是新游戏只有首发的几周销量比较好，等过了这个时间，大量二手游戏流入市场，就没有了后续销量。这种情况自从游戏产业诞生开始就一直存在，但索尼是第一个选择站出来挑战现实的游戏厂商。

2002 年，这场持续了 4 年的复杂官司终于告一段落。这场官司除了索尼以外，还涉及了包括艾尼克斯和卡普空在内的大量第三方公司，以及包括 ACT 和 RISE 在内的日本主要的二手软件连锁店。涉案各方不停地诉讼和反诉，案件的复杂程度之高在全世界版权相关的法律案件里也是数一数二的。最终法院认定，贩卖二手游戏的行为并不违反版权法，所以可以继续销售二手游戏。索尼和大量游戏公司对这个结果都表达了强烈的不满。

第八世代普及数字游戏也是为了和二手游戏做斗争，只不过故事的主角变成了微软。

在这个世代，索尼是"躺赢"的一方，任天堂弄了一个操作感极差的 Wii U，而微软则被自己的销售策略直接搞到崩溃。也是从这个世代起，主机大战基本宣告结束了。

截至 2020 年中，PlayStation 4 的销量已经达到 1.121 亿台，而同时期 Xbox One 的销量只有 4650 万台。

表 4-6　第八代主机概况

名称	Wii U	PlayStation 4	Xbox One
制造商	任天堂	索尼	微软
上市日期	北美：2012 年 11 月 18 日 欧洲：2012 年 11 月 30 日 澳大利亚：2012 年 11 月 30 日 日本：2012 年 12 月 8 日	北美：2013 年 11 月 15 日 欧洲：2013 年 11 月 29 日 澳大利亚：2013 年 11 月 29 日 日本：2014 年 2 月 22 日	北美：2013 年 11 月 22 日 欧洲：2013 年 11 月 22 日 澳大利亚：2013 年 11 月 22 日 日本：2014 年 9 月 4 日
上市售价	基本版： 299.99 美元 348 澳元 26 250 日元 豪华版： 349.99 美元 428 澳元 315 00 日元	399 美元 399 欧元 349 英镑 549 澳元 41 979 日元 2899 元人民币 3380 元港币 12 980 元新台币 Slim： 299 美元	499 美元 499 欧元 429 英镑 599 澳元 49 980 日元 3699 元人民币 14 980 元新台币 Xbox One S： 249 美元（500 GB） 349 美元（1 TB） 399 美元（2 TB）
媒介	Wii U 专用光盘（25 GB，5x CAV） Wii 光盘	蓝光光盘（6x CAV，上市时不支持 3D 蓝光光盘） DVD（8x CAV）	蓝光光盘（上市时不支持 3D 蓝光光盘） DVD

数据来源：维基百科

这个世代的游戏主机性能已经严重落后于家用计算机，而硬件技术又很难找到突破点。于是三家公司很有默契地搞出了一个 8.5 代的概念，其中索尼和微软仅仅在原有机型上进行了一次性能提升，没有改变核心架构。只有任天堂推出了一台全新的机型 Switch。

Switch 是 Wii U 在思路上的升级版，结合了掌机和主机。Switch 通过《塞尔达传说：旷野之息》和《超级马力欧：奥德赛》等游戏取得了相当不错的销量。

图 4-11 Switch

图片来源：The Vanamo Online Game Museum，已进入公共领域

表 4-7 游戏主机和掌机销量排名

平台	公司	上市时间	销量
PlayStation 2	索尼	2000 年	大于 1.55 亿台
Nintendo DS	任天堂	2004 年	1.5402 亿台
Game Boy，Game Boy Color	任天堂	1989 年，1998 年	1.1869 亿台
PlayStation 4	索尼	2013 年	1.121 亿台
PlayStation	索尼	1994 年	1.0249 亿台
Wii	任天堂	2006 年	1.0163 亿台
Xbox 360	微软	2005 年	8400 万台
PlayStation 3	索尼	2006 年	大于 8380 万台
PlayStation Portable	索尼	2004 年	7640 万台
Game Boy Advance	任天堂	2001 年	8151 万台
Nintendo 3DS	任天堂	2011 年	7484 万台
Nintendo Entertainment System (Family Computer)	任天堂	1983 年	6191 万台
Super Nintendo Entertainment System (Super Family Computer)	任天堂	1990 年	4910 万台

(续)

平台	公司	上市时间	销量
Xbox One	微软	2013 年	3910 万台
Nintendo 64	任天堂	1996 年	3293 万台
Nintendo Switch	任天堂	2017 年	3227 万台
Sega Genesis	世嘉	1988 年	3075 万台
Atari 2600	雅达利	1977 年	3000 万台
Xbox	微软	2001 年	2400 万台
GameCube	任天堂	2001 年	2174 万台
Wii U	任天堂	2012 年	1356 万台
Sega Game Gear	世嘉	1990 年	1062 万台

数据来源：维基百科

第九世代

2020 年 11 月，索尼和微软先后发布了自己的新一代主机，这两家公司不约而同地选择了一样的产品线路——同时发售两款机型。

索尼的两款产品均使用 PlayStation 5 命名，区别为标准版和无光驱版，标准版售价为 499.99 美元，无光驱版售价 399.99 美元。而微软的两款主机名字不同，分别为 Xbox Series X 和 Xbox Series S。此外，微软两款机型的配置差距也较大，Xbox Series X 拥有更高配置的硬件和光驱。价格较低的 Xbox Series S 使用了与 Xbox Series X 相同的 CPU，但其余硬件配置较低，且没有光驱。

索尼和微软同时选择了双机型的策略，原因在于前文提到过的事情——打击二手游戏，通过数字游戏让更多的利润回流到游戏公司手中。

在第九世代，相较于主机之间的战争，以下两件事反而引起了玩家更大的注意。

第一是供货不足。由于种种原因，显卡制造商的生产能力受限，进而导致主机制造商的生产能力低下，以至于索尼、微软的主机上市一年后，玩家依然无法以正常价格购买主机，这在过去的主机大战中未曾出现过。

第二是具有戏剧性的收购大战。微软和索尼两家公司看到任天堂在 Nintendo Switch 上的成功后，明白了第一方游戏的重要性。微软作为世界上最有钱的公司之一，开始了疯狂的收购行为。2020 年 9 月，微软与 ZeniMax Media 达成收购协议，微软将以 75 亿美元收购后者及其旗下的工作室。ZeniMax Media 是一家大型游戏发行商，旗下拥有众多知名的游戏开发工作室，包括开发了《上古卷轴》的 Bethesda、开发了《毁灭战士》的 id Software、开发了《耻辱》的 Arkane、开发了《恶灵附身》的 Tango 工作室。

当大家以为这次收购已经是微软的最大动作时，微软用实际行动告诉全世界玩家："你们想得太简单了。"2022 年 1 月，微软宣布以 687 亿美元收购动视暴雪，这成为游戏史上金额最大的一笔收购。相较于中国玩家经常讨论的暴雪，微软的这次收购更重要的目标是动视，尤其是其旗下的《使命召唤》系列。2021 年北美游戏销量的前两名为《使命召唤 17》和《使命召唤 18》，在欧美市场，《使命召唤》系列可以说是最火爆的射击游戏。

在收购之战中，索尼也不甘寂寞。2022 年 1 月 31 日，索尼宣布以 36 亿美元收购《光环》《命运》系列的开发商 Bungie。Bungie 曾经是一家先后和微软以及动视暴雪有直接关系的公司。2000 年，Bungie 被微软所收购，这次收购的目的就是为 Xbox 开发第一方游戏，开发的游戏就是大家熟悉的《光环》系列，甚至这是 Xbox 平台上最成功的第一方游戏。Bungie 于 2007 年 10 月 5 日脱离微软，成为独立游戏制作公司。2010 年 4 月起，Bungie 与动视开始了长达 10 年的合作。合作开发的第一个游戏是《命运》，一直到 2019 年 1 月 11 日，Bungie 与动视解除合作。而如今 Bungie 被索尼收购，相当于索尼挖走了微软最坚强的一根支柱。

可以预料到，未来这两家公司在收购的道路上依然不会停歇。

第九世代的主机很可能成为最后一代传统意义上的游戏主机，原因如下。

第一，联网游戏越来越普遍。大部分3A游戏加入了联网环节，这是因为纯粹的3A游戏越来越难赚钱，所以开发公司们逐渐向更有商业潜能的PC游戏的设计思路靠拢。

第二，数字游戏成为主流。游戏公司为了提高收入，必然想方设法减少二手游戏的数量，同时降低游戏的流通成本。基于这两点，数字游戏会越来越普及，逐渐变为主流。

第三，独占游戏将变少。任天堂、索尼、微软三家的主机，在架构上几乎没有区别，而通用游戏引擎的使用率越来越高，导致游戏的移植成本越来越低，独占游戏会越来越少。

综上，因为销售方式等发生了翻天覆地的变化，哪怕之后还有第十个世代也一定不是现在这个模样。

本章参考资料：

[1] 前田寻之. 家用游戏机简史[M]. 周自恒，译. 北京：人民邮电出版社，2015.

[2] Sloan D. 任天堂传奇[M]. 张玳，译. 北京：人民邮电出版社，2012.

[3] Ryan J. 超级马里奥：任天堂美国市场风云录[M]. 张玳，译. 北京：人民邮电出版社，2013.

[4] Kent S L. The Ultimate History of Video Games[M]. New York: Crown, 2001.

[5] Lancer. 擎天巨神的霸业——微软的游戏软件王国[J]. 游戏·人，2006（20）：2-13.

[6] RAIN. Xbox五周年纪念——Xbox之父的绿色奇机（下）[J]. 游戏·人，2007（1）：29-37.

[7] 井上理. 任天堂哲学[M]. 郑敏，译. 海口：南海出版公司，2018.

[8] 刘健. 电玩世纪：奇炫的游戏世界[M]. 天津：百花文艺出版社，2006.

[9] 尖端出版社. 任天堂的阴谋——连载之三[J]. 电子游戏软件，1996（4）：68-70

[10] Harris B J. Console Wars: Sega, Nintendo, and the Battle that Defined a Generation[M]. New York: Dey Street Books, 2015.

[11] Hansen D. Game On!: Video Game History from Pong and Pac-Man to Mario, Minecraft, and More[M]. New York: Feiwel & Friends, 2016.

[12] Simons I, Newman J, Livingstone I. A History of Videogames: In 14 Consoles, 5 Computers, 2 Arcade Cabinets ... and an Ocarina of Time[M]. London: Carlton Books, 2019.

[13] 常春. 世嘉帝国的崛起——世嘉的秘密之二[J]. 电子游戏软件，1995（5）：47-48.

[14] 常春. 世嘉帝国的崛起——世嘉的秘密之二[J]. 电子游戏软件，1995（6）：46-48.

第5章

PC 游戏和网络游戏

不同市场的 PC 游戏

PC 游戏在游戏市场一直腹背受敌，一方面它不属于主流市场，另一方面它还要面临最为严重的盗版问题。

这个问题在日本尤为严重。

日本从 20 世纪 70 年代到 90 年代，一直有世界上最发达的电子产业，但是在家用计算机领域却非常弱势。在 20 世纪 90 年代，日本的计算机普及率在发达国家中一直倒数，这就使得日本的 PC 游戏行业发展缓慢。

日本家用计算机普及率低的主要原因是日本消费电子行业整体过于发达，每个领域都有对应的电子产品，尤其是办公和娱乐领域。日本的大公司在个人计算机普及前就有了一套非常健全且非常本土化的电子化办公系统，而娱乐领域又有任天堂等丰富的主机厂商和游戏，导致家用计算机的使用场景并不丰富。此外，家用计算机开始普及的时候，正好是日本房价最高的时候，那时多数日本人的居住面积非常小，对于很多人而言，买了计算机也没有地方放。那时的多数日本家庭，一家三口或者四口住在一个三居室里，总面积只有 60 多平方米，卧室最多也就放一张床，写字台甚至都称得上是奢侈品。那个时代的日剧中，小孩子经常在餐桌上写作业，这其实是普遍现象。在这种情况下，早期的计算机对于大多数日本人来说实在是过于占地方，再加上工作和娱乐都不是必须要用计算机，确实没有买的必要。

日本的很多电子产品与日本人的生活习惯息息相关。比如日本市场的电子产品很喜欢宣传其防水性，这在其他市场是非常罕见的，最主要的原因就是日本盛行泡澡文化，很多人会带着电子产品进入公共浴室，哪怕不是一边泡澡一边使用，电子产品放在更衣室里也很容易接触到水，能防水便成了购买一款电子产品的重要依据。

大多数电子产品在我国的发展有着类似的情况。中国早期家用计算机的普及率远高于游戏机，核心原因就是计算机多少有点儿学习的作用。在传统的中国家庭里，教育多会被摆在较高的位置，如果一个产品附带教育属性，就很容易推广，"小霸王"在中国推广游戏机的时候也是靠着学习机打开市场的。

就发展而言，主机游戏具有明显的线性特征，下一个世代的游戏受上一个世代的影响很大，但PC游戏不一样，不同的PC游戏之间基本总结不出这样的联系。

那么，为什么主机游戏的发展是线性的，而PC游戏不是？结合前面章节，可以总结出三个重要原因。

第一，主机游戏的硬件是一个非常明显的寡头市场，同一时期，市场上的公司数量是十分有限的，甚至大部分时候，都是一个胜利者和几个陪衬，并不存在类似大航海时代的互相争斗的局面。

第二，游戏主机的投资规模非常大，导致这个行业的门槛非常高，一般的公司不会轻易进入。

第三，从商业模式的角度来看，在游戏机市场，游戏开发公司是被动的一方，不会直接参与到商业模式的制定上，面对游戏机厂商只能被动接受。

其中最后一点，是主机游戏和PC游戏最主要的区别，而这一点可以归纳为渠道差异。

主机游戏开发商的渠道有两个非常鲜明的特点：一是渠道非常狭窄，所有渠道归根到底都是游戏机厂商，即任天堂、微软和索尼的渠道；二是渠道门槛非常高，一般的小公司非常难进入，一直到第八世代，才开始有大批小团队给主机开发游戏，背后核心的原因还是游戏主机的框架越来越接近家用计算机。

对比起来，家用计算机制造商则不会参与游戏渠道工作，戴尔、惠普、联想这些公司都不涉及游戏开发和发行领域，甚至微软至今也不会要求自己平台上的游戏都要通过自己发行。这些特性决定了PC游戏是一个非常自由的市场。

PC 游戏的开发门槛远低于主机游戏，开发团队不需要跟大的平台方申请资格，也不需要购买昂贵的测试机，更不需要把每款游戏都开发得尽善尽美，这就使得 PC 游戏市场培养出了一批低成本的创业团队。可以说，PC 游戏一直在充当整个游戏产业的"孵化器"，大批小公司都是在 PC 游戏上有了一定影响力之后，才开始进入其他领域的。

比如 Bioware。1998 年，三个医学院的学生格雷格·扎斯奇科（Greg Zeschuk）、雷·穆齐卡（Ray Muzyka）和奥古斯丁·伊普（Augustine Yip）制作了《龙与地下城》类型的 CRPG（Computer Role-Playing Game，计算机角色扮演游戏）大作《博德之门》，日后又做了另一款口碑极好的大作《无冬之夜》。在这时，Bioware 还算一家纯粹的 PC 游戏开发商。但又过了几年，Bioware 已经变成主机游戏开发商，甚至成为 EA 的一部分，也拥有了《龙腾世纪》《质量效应》《圣歌》等大作，虽然口碑毁誉参半。

开发环境自由其实并不完全是好事，这涉及另一个问题：主机游戏的开发公司到底是怎么赚钱的？

其实非常简单，就是卖拷贝，卖出一份游戏拷贝，开发公司就可以分到一笔钱。但还有一个非常特殊的地方，那就是主机游戏总数非常少，这就使得主机游戏的起始销量和平均销量相对较高，大部分公司可以有相对稳定的收入。

在索尼和微软进入游戏市场以后，又开启了一种补贴模式，常见的有两种做法：一是在游戏的开发阶段就促成合作，游戏机开发商直接承担游戏的开发成本，同时承诺一个后期销售的分成比例，保证游戏开发商能够有稳定的收入来养团队，还可以靠后期分成赚钱；二是一些游戏在开发接近完成时，会以相应的价格直接打包卖给游戏机开发商或者游戏发行方，大部分游戏后期也会有分成，这也是在保证收益的情况下还有可能获得更高利润的模式，现阶段游戏行业的大部分中游公司，即那些偶有佳作的公司一般更愿意采取这种合作模式。

对于主机游戏开发公司来说，这种补贴模式可能不会赚非常多的钱，但重要的是稳定，至少不会因为一款游戏直接破产。

显而易见的是，PC游戏在大部分时间里缺乏这种强有力的渠道，导致PC游戏开发商的盈利情况一直非常不稳定。这是PC游戏平台的先天缺陷，此外还有一个问题也如影随形，就是盗版。

和主机游戏相比，PC游戏因为没有硬件防盗版的机制，所以整体盗版难度极低。时至今日，除非全程联网，否则也几乎没有真正意义上的防盗版机制，而主机游戏的盗版一直相对较少，在最近两个世代几乎绝迹，偶尔有玩盗版的玩家还要面临被封机器的风险。从第六世代开始，主机游戏的盗版率就已经低于10%，而PC游戏的盗版率最低的时候也有50%上下，很多国家甚至超过80%。

游戏行业本质上是一个高投入低回报的行业。游戏的整体投入成本相当高，并且存在一个明显的投资递进关系，意思是下一代的游戏投入一定要比上一代更高。这主要是因为玩家对游戏的画质诉求越来越高，而画质提升必然造成成本增加。更重要的是游戏行业的开发周期较长，一般在2～4年，甚至4年以上也并不罕见，这就导致资金的占用成本非常高。再加上游戏的成功本身就有很强的偶然性，这些成本和风险叠加在一起，使得游戏行业从投资回报角度来说，并不是非常理想的行业。

一般一款游戏的开发成本可以分为三个部分。

第一，开发团队的工资成本。美国程序员、设计师和策划的年工资整体都在6万～10万美元，而一般一款3A游戏的开发团队人数在80～200人，也就是说团队一年的工资在480万～2000万美元。此外，一款3A游戏的开发周期，大概是2～4年，所以开发期间的工资开销应该在1000万美元以上。对于绝大多数游戏团队，这部分的实际支出要高过这里的例子，因为部分员工的工资可能远高于平均水平，并且除了成员的基本工资以外，人力成本还有很多隐性开支，比如保险和各种补贴等。

第二，美术和音效的外包成本。因为游戏开发周期不稳定，所以游戏公司一般很难养活一支能够独立完成全部需求的美术和音效团队，假设真的建立了一支完整的美术和音效团队，一定会出现游戏开发后期长时间里美工和音效团队无事可做的情况，反而增加了固定成本。所以多数公司会把相对独立的美术和音效外包给第三方公司制作，虽然单位成本相对较高，但至少不会出现人员闲置的不可控状态。同时，多数外包公司因为长期从事这类工作，在制作上也比游戏公司自己聘来的人更有经验。一般一款 3A 游戏的美术和音效外包成本大概是整个游戏开发投入的 20% ~ 40%。

第三，宣发成本。无论是 3A 游戏，还是后文会提到的手机游戏，宣发都是游戏最重要的外部成本，现阶段一款 3A 游戏的宣发成本和开发成本基本相当，有些游戏宣发环节的成本甚至是开发环节成本的数倍。同时宣发投入有一个最基本的门槛，投入太少毫无意义，现在 3A 游戏的这个基本门槛已经超过 1000 万美元，也就是说只要做宣发就至少要投入这个金额才有意义。

这些高昂的成本导致游戏行业对于盗版非常敏感。在一些国家，游戏的盗版率长期在 80% 左右。美国商业软件联盟在 2010 年做过一份统计，在这份统计中，美国的软件盗版率为 20%，日本为 21%，而这些盗版软件主要集中在盗版门槛更低的计算机平台上，其中又以游戏为主，可以说计算机平台直接放大了盗版的隐患。

从 20 世纪 80 年代开始，大批游戏公司尝试通过技术、舆论和法律手段解决盗版问题，但收效甚微。这也是 PC 游戏这个自由市场带来的最大的负面效应。基于以上种种原因，PC 游戏行业虽然产生了相当多优秀的团队，但盈利模式一直都不够健康。

特殊的 PC 游戏：RTS

谈到 PC 游戏，就必须要提 RTS。

RTS 全称 Real-Time Strategy Game，中文一般翻译为即时战略游戏，就是那些玩家可以在游戏里随意调兵遣将的游戏。之所以把这一类游戏专门提出来，是因为 RTS 游戏是 PC 游戏里非常值得研究的一类。

PC 游戏除了渠道不稳定和盗版严重以外，还有一个倾向，就是在西方国家，游戏玩家基本有游戏主机，这就导致在欧美市场，PC 游戏的需求并不高，所以 PC 游戏开发商将自己的开发方向定位在游戏主机上没有或者不好操作的游戏类型上。

相对游戏主机而言，PC 有一个非常明显的特点：有鼠标这个定位非常精准的交互工具。所以 PC 游戏也衍生出一个非常重要的游戏品类——RTS。

图 5-1　作为 RTS 标杆的《魔兽争霸 3》《帝国时代》

1981 年，一款名为 Utopia 的游戏第一次具备了 RTS 的雏形，之后陆续出现了一些类似的游戏，但都是小众产品，一直到西木工作室（Westwood Studios）的《沙丘 2》才开启了 RTS 的宏伟篇章。日后西木工作室又开发了另外两个经典系列。

1998 年，微软的《帝国时代》和暴雪的《星际争霸》同时上市，开始了 RTS 的"大航海时代"。

在那个时代，PC 游戏领域还有人津津乐道于谁才是最好的 RTS 这个话题。那个年代有《帝国时代》《星际争霸》《魔兽争霸》等 RTS 连续统治 PC 游戏市场，每款游戏都在各自的领域独领风骚。然而在进入 21 世纪以后，这些游戏纷纷萎缩：《命令与征服 4：泰伯利亚黄昏》口碑和销量急剧下滑；《帝国时代》几乎被微软放弃，再次回到人们视野时还是靠重制版，而微软一直到 2019 年才宣布续作《帝国时代 4》；只有暴雪坚持做了《星际争霸 2》，但也没能复制第一部的成功，而暴雪的《魔兽争霸 3：重制版》更是"差评如潮"，成为 IGN 历史评分倒数第一的游戏。

显而易见，RTS 已经开始远离主流玩家，甚至年轻玩家都没有玩过 RTS。一种曾经火爆的游戏类型在十几年后面临着消失的窘境，这应该是谁也没有预见到的。

RTS 的没落有以下几个原因。

第一，RTS 的操作门槛太高，对新人并不友好。在 RTS 最火热的年代，玩家最在乎的是 APM（Actions Per Minute），即每分钟操作的次数，当时玩家的追求几乎是人类的生理极限。正是这种高门槛的游戏模式，导致新人玩家被屡屡"劝退"。以前没选择余地的时候会玩，现在选择多了，就很难再吸引年轻玩家了。除了操作门槛以外，RTS 的观赏门槛其实也相当高，如果不是长期玩游戏的人，可能无法理解游戏内的经济模式和战术策略。

第二，没有公司带头提供良好的互联网服务。暴雪的战网一直到《星际争霸 2》上市前都只是一个简单的联网分发平台。这背后的核心原因是暴雪一直以来都是以卖拷贝为主要盈利模式的公司，进入互联网时代以后才出现免费游戏内付费这种更适合联网对战类游戏的模式。所以这其实是暴雪、EA 和微软在商业模式上反应迟钝导致的。

第三，盈利前景不明朗。因为盗版等问题，PC 游戏的盈利并不稳定，所以 PC 游戏公司的整体生存状况并不好，除了暴雪等极少数公司，大部分公司哪怕通过 PC 游戏赚到了钱，重心也开始转向做主机游戏，至少是跨平台游戏。而 RTS 在主机平台上很难操作，导致公司的开发兴趣不高。比如知名 RTS 工作室 Firefly，成立到现在超过 20 年，一直没能摆脱在破产边缘徘徊的命运，直到今天依然是个只有二三十人的小工作室。

第四，新作品的开发时机难把握。上一个世代的 RTS 整体生命周期太长，游戏公司也不知道何时才可以开发下一个世代的游戏，以至于几家公司都错过了下一代 RTS 开发的最佳窗口期，几个系列的游戏里只有暴雪的《星际争霸 2》算是赶上了一个合适的时间点上市。

第五，RTS 这个品类规模一直不是很大，虽然有过超级爆款，但是游戏数量不多，哪怕最辉煌的时代也就只有四五款游戏而已，对比其他类型称得上寒酸。

第六，RTS 的开发对策划的个人能力要求过高。和其他游戏不同，RTS 里有一个相对冷门却非常重要的概念——"平衡性"，而在其他大部分类型的游戏里，平衡性的概念都没那么重要。核心原因是，RTS 在后期一定是多人对战游戏，当多人对战时，每个玩家都不希望自己从开局一刻就处于劣势。其他游戏类型主要是和计算机 AI 玩，显然我们没有任何理由追求和计算机 AI 的平衡性。类似的是格斗类游戏，单品数量一直也不多。在整个游戏产业里，RTS 有非常明显的代表性：游戏的类型和平台主要的挂钩点是游戏的交互方式。

至今，游戏的交互方式一共有以下六种。

第一，鼠标。有精准的定位能力，并且计算机用户基本不需要单独购买，但是必须处于水平面，并且基本只能在计算机平台使用。

第二，键盘。按键多，可以进行复杂操作，但是没有定位能力，计算机用户基本不需要单独购买，并且基本只能在计算机平台使用。

第三，手柄。定位能力不够精准，可以跨平台使用，但需要专门购买。

第四，触摸。有精准的定位能力，一般应用在智能手机和平板电脑上，不需要单独购买设备，但很少在大屏幕设备上应用。

第五，体感。交互性和沉浸感最强，但几乎每个平台都需要单独购买设备，投入最大。

第六，音频。只能作为辅助功能。

在 RTS 没落期间，包括 *DotA* 和《英雄联盟》在内的 MOBA[①] 开始兴盛，关于 MOBA 的话题后文有专门的章节讲述。

除了 RTS 以外，FPS 一度也是以 PC 游戏玩家为主，但随着针对游戏手柄的射击矫正技术大规模应用，FPS 也成了主机游戏的主要类型。甚至最近几年因为 PC 游戏外挂使用起来相对容易，甚至出现了主机射击游戏玩家对 PC 射击游戏玩家不屑一顾的情况。也就是说，FPS 的交互方式适应性更强，FPS 成功获得了多平台发展的机会。

早期网游市场

在主机游戏时代，游戏行业的主导者在日本和美国之间进行了多次交接，而在网络游戏市场，真正的主导者是中国和韩国，两个传统意义上的"游戏弱国"。

早在 1969 年，世界上就有了第一款网络游戏的雏形——《太空大战》，开发者为瑞克·布罗米（Rick Blomme）。这款游戏不只名字和 8 年前诞生于 MIT（麻省理工学院）的那款游戏相同，玩法也基本一致，唯一的区别是这

---

① Multiplayer Online Battle Arena，多人在线战术竞技游戏。

个《太空大战》基于远程教育系统 PLATO（Programmed Logic for Automatic Teaching Operations），玩家可以双人对战。而在 PLATO 这个教育平台上，陆续诞生过 Avatar 等一系列有联网功能的游戏，PLATO 算是早期联网游戏主要的孵化地之一。到了 1972 年，PLATO 的同时在线用户就突破了 1000 人，PLATO 是用户数第一个突破这个数字的平台。

1980 年，来自英国埃塞克斯大学的罗伊·特鲁布肖（Roy Trubshaw）和理查德·巴特尔（Richard Bartle）提出了 MUD 的概念，并且开发了一个游戏原型。MUD 是"Multi-User Dungeon"的简写，意为"多使用者迷宫"。而 MUD 这种游戏形式现在看起来更像是"互动小说"，包括对话和剧情所有内容都通过文字表示。这款最早的 MUD 游戏里共有 20 个房间和 10 条指令，用户可以使用指令往返于各个房间，也可以和其他玩家交流。这之后的游戏考验的是人们对于文字内容的想象力。

图 5-2　由文字指令构成的 MUD 游戏

1981 年，当时的游戏巨头雅达利曾经考虑过把 PLATO 平台移植到雅达利 2600 主机上，让其拥有网络对战功能。因为版权等问题，在数次谈判失败以后，雅达利在 1984 年被允许接入 PLATO 系统，并以每小时 5 美元的价格缴纳接入费，但此时的雅达利已经濒临破产，网络服务对于雅达利来说只是个美好的空想而已。

1984 年，马克·雅各布斯（Mark Jacobs）创建了游戏公司 AUSI，并且推出了 MUD 游戏《阿拉达斯》（*Aradath*）。如果只看影响力，这款游戏并不算同时期 MUD 里面的佼佼者，但为整个网络游戏行业提供了一个非常有借鉴意义的案例。雅各布斯为了保证玩家能够随时玩游戏，直接把服务器放在了家里，同时拉了 8 条电话线以保证能有 8 名玩家同时在线。因为开支较大，雅各布斯针对每个玩家收取每月 40 美元的费用。这是第一款包月计费的网络游戏，但事实上它对游戏行业的意义是，在一定程度上证明了，在无法保证大量玩家同时在线的前提下，包月计费是完全不可行的，因为总是有玩家发现服务器已经满载而无法登录游戏，这对用户体验是致命的打击，因为包月用户就是希望可以随时玩到游戏。

1990 年，这家公司又推出了一款叫作《龙之门》（*Dragon's Gate*）的游戏，并且改用了计时收费模式，价格达到了每小时 20 美元。即便贵得惊人，这款游戏依然吸引了相当多的玩家，成为很早取得成功的游戏商业化案例之一。AUSI 这家公司在收费模式上的探索也在未来被其他游戏公司拿来作为案例研究。

1985 年，通用电气公司投资创建了一个被称为 GEnie 的商业网络服务平台，这个平台的存在其实主要是压榨通用电气公司内部的剩余价值。通用电气这种大规模的电气公司在当时已经配备了大量的服务器给公司的技术人员和一些内部网络业务使用，但服务器在非工作时间基本是闲置的，于是通用电气干脆推出了专门的网络平台赚取一定的利润，这种做法其实和现在某些互联网公司做云业务有异曲同工的效果，本质上都是利用公司的空闲资源扩大利润空间。也是因为这项服务的特殊性，所以收费相对低很多，在上线时收费仅为每小时 5 美元，比当时市面上所有的网络服务都要便宜得多。这个平台上有过一款叫作《恒星战士》(*Stellar Warrior*) 的 MUD，也是当时市面上比较火的商业 MUD 之一。

这一年 11 月，量子计算机服务公司（Quantum Computer Services）也推出了商业网络服务平台 Quantum Link，主要面向 Commandore 计算机，价格极其低廉，每月 9.95 美元。在影视和游戏行业同样举足轻重的卢卡斯影业为这个平台开发过一款叫作《栖息地》(*Habitat*) 的游戏，这款游戏也被认为是最早的图形网络游戏的雏形。

图 5-3　具备网络游戏雏形的《栖息地》

1987 年，任天堂决定进入网络游戏领域，并在自己的 Famicom 上制作了一款名为"通信适配器"的配件，售价 100 美元。玩家使用"通信适配器"后可以连接日本区域性网络，但那时任天堂的野心不止于此。当时的任天堂其实是希望组建一个专门针对 Famicom 使用的网络协议，对使用网络协议的游戏收取类似权利金的费用。毕竟当时在日本 Famicom 的普及率要远远高于计算机，当时大概有三分之一的日本家庭有 Famicom，而家用计算机的普及率不到总家庭数的十分之一，这对于任天堂来说是完美的先决条件。

任天堂最早的大客户是野村证券，当时急于拓展网络业务的野村证券和任天堂一拍即合，开发了 Famicom 交易服务系统，用户可以在 Famicom 上办理金融服务，听起来很奇怪，但当时真有人这么干。只是没过多久任天堂就意识到这条路根本走不通，即便作为游戏行业巨头，在资金实力和技术实力上任天堂也无法支撑这个项目，最终这个项目流产。日后，任天堂多次尝试过网络游戏业务，但都不成功。

即便之前已经有了很多的 MUD，甚至图形网络游戏，但因为成本和设备的限制主要还是小众游戏，第一套被广泛接受的 MUD 是 1987 年艾伦·考克斯（Alan Cox）编写的 AberMUD，Aber 为其母校亚伯大学（Aberystwyth University）的简称。1988 年用普及性更好的 C 语言重写后，AberMUD 得到了快速传播，日后网络游戏行业的很多巨头曾经提到过这款 MUD 对其加入游戏行业的直接影响。另外，程序员对艾伦·考克斯这个名字更为熟悉，考克斯一度是 Linux 系统的维护者，其中 Linux 内核分支里面的 ac 指的就是 Alan Cox。

1989 年，拉尔斯·彭舍尔（Lars Pensjö）开发了一款 MUD 游戏，并用自己的名字将其命名为 LPMUD，这款游戏的重要意义在于编写了一套类似游戏引擎的开发工具，把任务脚本和游戏执行部分分开进行开发，方便开发者维护和更新游戏。在进入 20 世纪 90 年代以后，大量游戏开发者开始维护游戏，使得日后相当多的 MUD 游戏开发借鉴了这套工具的代码。

1991 年,第一款图形化的网络游戏《无冬之夜》(*Neverwinter Nights*)诞生,当然大部分玩家可能熟悉的是另外一款十年后诞生的同名游戏,这款游戏名字里的 Neverwinter 是《龙与地下城》系列里一座城市的名字。《无冬之夜》的很多设计影响了之后的一批网络游戏,比如加入了 PVP 的设计,同时为了保障玩家不会被恶意攻击,还加入了安全区;再比如游戏里还设计了完善的公会系统,每个公会都可以设计自己的管理章程。一直到 1997 年 7 月 18 日游戏停运,《无冬之夜》的付费用户数量达到 115 000 名。

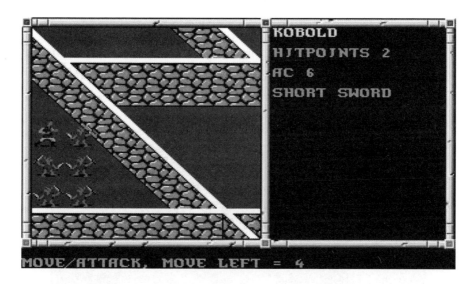

图 5-4　看起来更像 MUD 的《无冬之夜》

同年,雪乐山(Sierra)架设了世界上第一个专门用于网络游戏的服务平台——The Sierra Network(TSN)。早期平台上主要是棋牌类游戏,后期又加入了大量图形类网络游戏。之后,类似的游戏平台一窝蜂地出现。TSN 是一个非常成功的平台,除了游戏内容相对丰富以外,更重要的是便宜,玩家只需花费 130 美元就可以包月,单独计时 5 小时也只需要 10 美元。这个价格现在看起来很贵,但在当时属于非常便宜的,连比尔·盖茨都是忠实的 TSN

用户。过于便宜的价格导致雪乐山承受着巨额亏损，1996年雪乐山关闭了TSN，总共亏损数百万美元。

这时在亚洲市场，随着互联网的普及，第一批网络游戏也开始出现。1994年，韩国推出了亚洲最早的MUD《侏罗纪公园》，第二年，华语世界里出现了第一款MUD《侠客行》。

1996年，韩国Nexon公司推出了网络游戏《风之国度》。严格意义上来说，这只是一款图形化的MUD，还不具备MMORPG①的内容，但已经开始展现出韩国公司对网络游戏的独特理解。这款游戏是游戏行业的常青树，2005年，也就是上线近十年后仍然创造了13万人同时在线的纪录。2011年9月，《风之国度》作为"运行时间最长的商业化图形MMORPG"成功入选吉尼斯世界纪录。一直到2020年，这款游戏还在运营中，还在更新，并且还有人在玩。

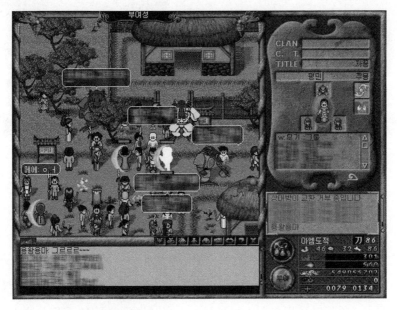

图 5-5　仍然在更新的《风之国度》

---

① Massively Multiplayer Online Role-Playing Game，大型多人在线角色扮演游戏。

同一年,《子午线59》(*Meridian 59*)上市,这款游戏是第一款大型图形网络游戏,也是真正划分MUD时代和图形网游时代的游戏。一些很重要的概念,包括大型多人在线角色扮演游戏等都是这款游戏创造的,在这之前,大部分网络游戏要么每个服务器只能承载几十名甚至几名用户,要么构建在专用网络而不是互联网上,要么就是干脆没有完善的图形界面。

看到《子午线59》取得成功后,EA开始研发自己的网络游戏,并且使用已经被收购的Origin Systems的游戏品牌《创世纪》。这款游戏就是《网络创世纪》,简称UO。

图5-6 《子午线59》的优异3D效果

《网络创世纪》加入了非常多新鲜的设计,比如复杂的生产系统,木材可以制造家具,铁矿可以锻造武器,兽皮可以制造衣物。这个设计在上线初期引发了从业者们的集体嘲讽,很多资深游戏人表示大家玩游戏是为了做英雄,而不是干农活。但事实上这个生产系统极大程度地留住了玩家,让玩家在游戏里找到了生活的感觉。《网络创世纪》最早的宣传文案一直在表达类似的理念:"游戏提供一个广大的世界供玩家探索,包括各大城镇、森林、地下城等地区。目前在游戏中并无明确的目标,最主要是玩家自己想做什么,就去做什么。游戏中还提供了丰富的职业让玩家选择,包括木匠、铁匠、裁缝、剑士、弓手、魔法师、巫师、医生,等等。有别于很多其他网络游戏的战争主题,UO的世界里面,设计者精心策划了基于骑士精神的八大美德,提倡和平的生活和玩家间的互助。"《网络创世纪》是希望玩家创造一个属于自己的世界,而不是讲述一个英雄成长的故事,这是《网络创世纪》作为一款多人网络游戏最成功的一点。

1997年9月24日,《网络创世纪》正式收费运营,MMORPG时代正式开启。《网络创世纪》开创了网络游戏付费模式的先河,采用了客户端付费+包月的双重付费模式,日后欧美游戏一直在延续这种付费方式。

《网络创世纪》早期没有系统层面的惩罚设计,玩家和玩家之间的对战不会受到来自游戏规则的惩罚,单纯靠玩家的自我道德约束。但显然,在虚拟世界里谈道德是天真的,很快,游戏内的杀戮现象就变得非常严重。最终,《网络创世纪》加入了安全区域的设定,禁止玩家在某个范围内互相争斗。这为日后所有的网络游戏提了个醒,在游戏里,不能只依靠道德维持社会运作。

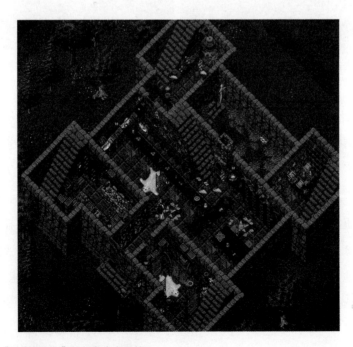

图 5-7 《网络创世纪》的复杂生态系统

1999年，另一款重磅的网络游戏大作《无尽的任务》上线，进一步巩固了美国游戏在世界网络游戏市场的霸主地位。一直到《魔兽世界》上线，这款游戏一直是西方市场最火爆的网络游戏之一。

1997年7月2日，泰国爆发金融危机。很快，这场金融危机宛如洪水一般席卷了亚洲。在不景气的经济环境下，失业人群开始寻找精神上的慰藉。在韩国，大批无业人员和学生玩起了游戏，整个韩国的网吧产业因此得到了快速发展，而《星际争霸》更是广受欢迎，参加相关赛事的玩家大有人在，这也是后来韩国电子竞技的起点。有很多人问为什么韩国电竞这么强，原因就是亚洲金融危机时失业的人太多了，在《星际争霸》的生命周期里，韩国人买了该游戏总销量的40%，比其他任何一个国家都要多得多。当然，也有一批人看准了这个商机，开始制作韩国本土的网络游戏。

1998年，《天堂》在韩国上线，很快就在世界各地的游戏市场产生了广泛的影响。相比较游戏本身，《天堂》的收费模式更加别具一格。在韩国本土，《天堂》除了卖点卡的销售时长模式以外，还创造了一个和网吧绑定销售的模式。玩家在网吧可以免费玩《天堂》，之后网吧把自己赚取的网费和《天堂》分账。这种模式取得了双赢的结果，《天堂》游戏质量出色，可以为网吧吸引更多的玩家，也为《天堂》创造了更多收入。

除了收费模式外，以《天堂》为主的韩国网络游戏和欧美网络游戏在设计理念上出现了两点明显的差异：一是韩国网络游戏不刻意追求拟真，从3D效果到游戏内的经济系统都是如此，他们把更多的精力放在取悦玩家上，比如爽快地击败其他玩家；二是韩国的网络游戏在优化上极其出色，对计算机配置和网络状况的要求都不高，可以满足大部分玩家的使用需求。简而言之就是韩国的网络游戏更加务实。

在《天堂》以后，韩国的网络游戏行业彻底崛起，甚至大批游戏被引入欧美，受到欧美玩家的追捧。在21世纪初，游戏行业出现了一个被频繁提起的话题——为什么韩国的网络游戏这么强大？总结起来一共有六个主要原因。

第一，亚洲金融危机波及韩国，出现大批失业人群，这群人成了游戏的主要消费人群。和亚洲其他国家相比，从20世纪80年代开始，韩国就已经是科技大国，三星和LG当时已经崛起，虽然和日本的科技公司还有差距，但要远强于亚洲其他国家和地区的科技公司，而且韩国当时还是全世界网络硬件基础设施最好的国家。对于韩国网络游戏而言，从市场、硬件到人才都有强大的保障。

第二，相比较欧美网络游戏，韩国网络游戏更容易在中国落地。从很早开始，韩国的游戏公司就明白网络游戏要吸引人，懂得迎合玩家的心理非常重要，对韩国网络游戏在这一点上做得非常好。

第三，韩国公司早期的商业模式更加友好。最早一批欧美网络游戏都需要玩家二次付费，先买游戏安装盘，然后再购买游戏时长，显然，中国和韩国玩家很难接受这种付费习惯，所以早期韩国游戏都是通过各种渠道赠送游戏安装盘，然后再按时长收费的。

第四，当时韩国和中国的计算机和网络普及率都不是特别高，导致很长时间内游戏的主要场景是在网吧里，这一点是被欧美公司所忽视的。

第五，在欧美市场，PC游戏不是主战场，所以整体而言行业重视程度极其有限，让韩国人找到了这么大的一个市场空间。

第六，韩国无论在空间上还是文化方面都离中国很近，中国未来成为全世界最大的网络游戏市场，韩国也因此成了最大的受益者。

从商业角度来说，网络游戏和游戏机游戏是截然不同的。传统的家用机游戏，游戏公司只负责做好游戏，然后卖出去就可以，而进入网络游戏时代以后，这种简单的思路被完全颠覆了。相比较而言，网络游戏和游戏机游戏有以下三个非常明显的差异。一是传统家用机游戏和单机游戏是一竿子买卖，游戏公司开发完以后就可以交差，而网络游戏是一个长期维护的过程，游戏上线之后的很多年里，开发团队都要持续推出新的内容。二是网络游戏几乎是所有游戏类型中渠道和推广方式最复杂的一种，要面临多样性的渠道和用户付费方式，这是传统游戏不需要面对的。三是网络游戏有明显的持续性成本，除了开发和运营团队所需要的成本以外，还包括宽带和服务器的费用，这就导致网络游戏的成本计算方法和游戏机游戏的完全不同，网络游戏也因此必须保证能有一个长期不错的收入。对于网络游戏来说，比起游戏本身的质量，商业模式明显更加重要。

相比较而言，网络游戏和传统互联网行业更为接近，和欧美及日本的主机游戏则有明显差别。区分一个行业不应该只看产品的外观，还应该看商业模式和投放市场。

在网络游戏早期，商业模式的混乱状况持续了很久，所有公司都在试探到底要怎么赚钱，比如《万王之王》早期对创建角色进行收费、《网络三国》在游戏里为传统商家进行商业推广等。但很快整个市场就基本统一了模式：按时长收费。事实证明，只靠卖游戏时间就足以让游戏公司赚钱，其余各式各样的收费模式也就基本消失不见了。

早期的网络游戏主要是包月模式，意思是玩家以月为单位购买游戏时长，曾经引爆中国市场的《网络三国》《万王之王》《千年》等游戏都是这种收费模式。包月收费是建立在两个前提下的：一是绝大多数玩家只能承受每月15～35元的付费价格；二是开发技术尚不成熟，大部分公司只能做到月费模式，技术不支持他们做更为精细的控制。早期有过一批采取更精细计费方式的游戏，但基本因为技术缺陷遇到了结算上的问题，导致一批玩家怀疑自己被骗了。

按时长收费的模式有两个特点：一是资源导向，玩家只要占用了资源就一定要付费；二是玩家的投入上限是可以预估的。也就是说这个收费模式的特点就是下限很高，上限很低。这和餐饮业有点儿像，存在一个明显的可预估收入瓶颈，需要提高的就是"翻台率"①。

---

① 餐饮业用语，表示一天内餐桌的重复使用率，翻台率越高，餐馆的流水就越多。

但没有商人不想赚更多的钱，很快点卡模式就出现了，就是为了提高"翻台率"。包月模式下，玩家相当于每个月固定占用一张餐桌，但换成点卡模式按实际使用时间收费以后，明显提高了玩家的流动性。

最早尝试点卡收费的一线网络游戏是《石器时代》，但《石器时代》一推出这个模式，玩家就激烈抨击，认为其收费太高。当时《石器时代》的收费价格是300点卡15元，620点卡30元，1060点卡50元，游戏中每10分钟扣1点，一小时就是6点，即大概每小时0.3元。核心玩家一个月要花费上百元，相比较几十元甚至十几元的包月模式来说，价格确实贵了很多。

不过《石器时代》并没有被这个收费模式所拖累，一方面是游戏本身品质不错，另一方面是对于当时能玩得起游戏的人来说，一个月几十元和一个月上百元的差距并没有那么大。

《石器时代》的成功让市场突然意识到，玩家对于收费上限并不是那么敏感，玩家都是冲动的。"玩家都是冲动的"，这几个字是网络游戏、网页游戏和手机游戏商业模式的精髓。

大部分公司看到《石器时代》成功后，推出的新游戏都开始采用点卡收费模式，例如《金庸群侠传Online》当时是29元500点，每12分钟1点，即每小时5点，要比《石器时代》略便宜。但《金庸群侠传Online》做了一次很大胆的尝试，就是玩家一次性充值两张点卡就可以包月，即每月58元。58元对比35元的包月价格来说已经有了不小的增长，但和逐步开始采用点卡的其他游戏公司相比反而显得格外有良心。

这种点卡模式突破了之前包月模式的价格限制。这之后，游戏按时间收费做得越来越精细。

一开始网络游戏是有技术缺陷的，大部分点卡游戏以10分钟为最小收费单位。每10分钟扣费一次，但是不满10分钟也算10分钟，这就导致一个很糟心的问题，比如玩家连上游戏玩了5分钟，因为断线被迫扣了10分钟的费用，重新连上以后过了5分钟再掉线，又扣了10分钟的费用。在网络不好的时候，这是一件很常见的事情，很多人的点卡在不知不觉中被扣完了。之后游戏公司开始优化技术，最终以分钟甚至以秒为单位计算时间，"秒卡"的概念也一度非常火爆，指的就是按秒计费的点卡。

2001年，中国的网络游戏市场迎来了一个真正意义上的爆款——《传奇》。《传奇》在中国的成功其实没人预料到，因为这并不是一款在韩国大火的游戏，甚至关注度都不高，以至于当时国内的互联网公司根本没有放在心上。同时，从游戏本身的质量来看，《传奇》也只能说是中规中矩，远谈不上可以靠游戏本身聚拢玩家。

《传奇》的成功分为三个阶段。

第一阶段是降低初期运营成本。盛大的老板陈天桥创造了一个很新鲜的成本分摊模式，通过跟服务器生产厂和电信运营商合作来降低运营成本，让一个小型创业公司有机会运营一款大型的MMORPG。

第二阶段是对市场的"豪赌"。当时中国的游戏运营人员多少都有海外背景，在推广上延续了外国人相对保守的做事逻辑。《传奇》在推广初期选择非常密集地投放广告，那时很多游戏杂志上能看到和《传奇》有关的内容，网吧里也大多可以看到《传奇》的海报。

第三阶段是确立销售渠道。盛大的合作方起初是育碧，但合作效果欠佳，于是盛大决定自己做点卡的销售工作。那时还没有微信和支付宝，信用卡的普及率也低得可怕，如何让玩家顺利付钱是游戏公司要仔细思考的问题。当时，普遍的销售渠道是书报亭，一是书报亭有一个相对统一的批发转零售渠道，同样是印刷物的点卡比较容易进入；二是书报亭遍布全国，玩家要买点卡也方便。但显然书报亭的销售模式也存在严重问题，一是和投放书报亭的渠道合作，回款周期很慢，几周到几个月都是很普遍的，这显然是很多公司无法接受的；二是距离终端消费人群还是有距离，即使已经很近了，但毕竟没有送到目标消费者面前。

于是就有公司想到直接和网吧合作，盛大便是其中之一，并且盛大很聪明地想到了一个更高级的合作方式,就是日后被玩家熟知的 E-Sales 系统:玩家在网吧里并不需要购买实体点卡,只需要找到网管,报出自己的游戏 ID 进行充值就可以,这极大程度地简化了游戏的充值流程。

表 5-1　2002 年中国 PC 游戏产业运营数据

游戏名称	制作公司	发行公司	上市时间	最高在线人数	注册用户人数	点时价格
传奇	Actoz	盛大网络	2001 年 11 月 7 日	30 万	1900 万	0.3 元 / 小时
石器时代	JSS	华义国际	2001 年 1 月 12 日	5 万	270 万	0.3 元 / 小时
魔力宝贝	ENIX	大宇全球	2002 年 2 月	8 万	380 万	0.4 元 / 小时
精灵	Triglow	网易	2002 年 8 月 10 日	6 万	170 万	0.5 元 / 小时
大话西游 2	网易	网易	2002 年 6 月底	2.5 万	—	0.4 元 / 小时
龙族	eSofnet	第三波	2001 年 7 月 10 日	3.2 万	180 万	0.7 元 / 小时
千年	Actoz	亚联游戏	2001 年 3 月底	4 万	480 万	35 元包月

数据来源:《2002 中国 PC 游戏产业报告》(《大众软件》,2003 年 1 月)

一年后,《传奇》同时在线人数突破 60 万,成为游戏史上第一款同时在线人数突破 50 万的网络游戏,即便在欧美和日本市场,这也是个从未出现过的数字。

《传奇》为日后的游戏市场上了生动的一课,其中有三点经验可以说改变了全世界的游戏产业:一是推广渠道是网络游戏的立命之本,能够更多、更快、更便宜地获取用户是一款网络游戏能够成功的最主要的原因;二是游戏本身要有一个便捷的渠道让玩家付费;三是网络游戏是一种长线投入,甚至可以长到十年以上,但从回报来说绝对是值得的。渠道和付费模式的重要性深深地融入中国游戏从业者的骨髓里,而海外游戏公司大都没有意识到它们的重要性,这就使得日后在手机游戏市场上,中国游戏公司可以成功脱颖而出,遥遥领先。

中国网游和"开箱子"

从产业角度来说，可以说网络游戏在一定程度上拯救了中国互联网产业。在网络游戏进入中国之前，不只是游戏行业迷茫不堪，互联网行业也差不多如此，没人知道怎么用互联网赚钱，互联网公司哪怕上市了也只是空壳一具。网络游戏在一定程度上告诉了中国互联网公司如何赚钱，网易、搜狐和腾讯都是靠网络游戏崛起的。而在网页游戏和手机游戏时代，更是有一大批互联网公司赚到了钱。时至今日，游戏和电商仍然是整个中国互联网产业里举足轻重的现金牛。所以网络游戏并不单单是游戏，更是中国互联网产业的造血器官。这是中国互联网行业和西方显著的差异之一，在西方的大型互联网公司里，游戏公司的占比相对较低。所以无论从商业模式还是现状来看，中国的游戏产业都更像是互联网产业。

在中国网络游戏市场，《传奇》之后最重要的转折点就是中国特色商业模式——免费网游的确立，这个商业模式的确立与史玉柱和《征途》直接相关。

在免费网游崛起前，中国的网络游戏市场对本土研发非常消极，一方面是韩国游戏近乎无情地占领了中国游戏市场；另一方面是《魔兽世界》的上线让中国游戏公司认为国内的研发技术和欧美的差距在短时间内无法弥补。这种消极情绪弥漫在几乎所有的游戏媒体上，然而短短几年后，中国本土游戏就靠着免费网游的商业模式迅速崛起。

2005年8月，《征途》正式对媒体公开，游戏实行"免费模式"。所谓免费网游，指的就是玩家玩游戏本身不需要花钱，既不需要买拷贝，也不需要购买游戏时间，只要有台计算机就可以顺利地玩游戏。这种游戏主要的收费模式是卖游戏内的装备，也就是说免费网游里，玩家的付费变成了一个可选择项，而不是必选项。这种模式的提出称得上是大胆的商业创新，人类历史上从来没有任何一种商业模式可以让玩家选择花钱或者不花钱。所以，所谓免费网游的概念出来后，大部分人是不看好的，甚至有媒体和从业者高调嘲讽。

在《征途》之前也有一些免费游戏出现，大部分是轻量级的休闲游戏，本身投资不大，单纯靠卖道具赚钱，游戏公司也不怎么在乎游戏的实际平衡性。这些游戏哪怕用户数极多，盈利也一直比不上MMORPG，毕竟大部分用户是不花钱的。把这套免费游戏的逻辑应用在投资更高的MMORPG上，绝对是冒险的尝试。

《征途》模式的成功离不开史玉柱团队的付费系统设计，简而言之就是，通过开箱子获取道具或者可以兑换道具的物品，而不是直接通过付费来购买道具。

在详细讲解这个付费模型之前，我需要先解释这种商业模式得以存在的主要背景。

免费网游这种形式出现的原因之一是传统的按时间付费游戏"不公平"。虽然看起来按时间付费游戏要比免费游戏公平得多，但这种看起来的公平其实反而对部分群体来说是非常不公平的，比如对于财才雄厚的玩家，没办法把现实中的经济实力带入游戏对于他们来说就是不公平的。

史玉柱提到自己做免费网游的初衷时说："我以前玩过盛大的时间游戏，我有钱，但是我没有时间，我在里边老被人欺负，我就觉得不公平。"在中国游戏行业有个时常被提起的问题：为什么有那么多玩家宁可在网游、页游和手游里面花那么多钱，也不愿意去买一款3A游戏？史玉柱这句话其实就回答了这个问题，对于大部分中国游戏玩家来说，他们喜欢在游戏里实力超群的感觉，而这种体验在传统3A游戏里是不容易获得的。

换句话说，免费网游为那些想要将现实生活中的经济实力带入游戏中的人提供了一个途径。只要这种人足够多，那么就一定可以赚钱。

史玉柱还对自己游戏的核心消费群体有过精准定位："我要赚的就是原来外挂、代练者的钱。"在按时间付费的游戏里，玩家如果希望自己能够在战斗中获得提升，只能寄希望于代练和外挂，但在免费网游里，可以直接花钱解决，而这笔钱就被游戏公司赚走了。从这个角度来看，还涉及另一个问题。在按时间付费的游戏里，游戏公司打击外挂的积极性是很低的，那时绝大多数游戏公司所谓的打击外挂只是形式主义，为的是让玩家看到游戏公司在保证游戏公平上是有过作为的。大部分公司之所以不愿意大批量处理外挂玩家，就是因为这些玩家都按照时间付费了，是真正的付钱用户，没必要去惹恼他们。此外，更重要的是，因为玩家按照时间付费了，所以并没有直接损害到游戏公司自身的利益，外挂只是让游戏公司少赚了一些钱，并不是赚不到钱。在免费网游时代，游戏公司开始疯狂打击外挂甚至是零容忍，就是因为本来应该被游戏公司赚走的钱，被外挂剥夺了。

确定了目标消费群体，接下来就是要设计好的模式促使玩家消费，这个好的模式就是"开箱子"。《征途》之前的免费网络游戏是靠出售道具赚钱，每个道具都明码标价，这让不愿花钱的玩家明显地感受到了来自游戏公司的价格歧视，显然这种体验非常糟糕。"开箱子"对不愿花钱的玩家相对友好，因为开箱子有运气成分，相当于付费玩家除了需要花费金钱以外，也需要运气眷顾，虽然很抽象，但只要跟运气挂钩的事情大部分人不会觉得不公平。此外，因为和运气挂钩，所以很多人要想获得高级的道具，就要在游戏里花费大量金钱，也就是付费玩家的投入上限大幅提升。免费游戏其实非常像游戏主机的盈利模式，即以一个相对低的成本吸引玩家，然后做大量的内容诱导玩家消费。

《征途》为中国游戏产业带来的商业模式的背后是一个很简单的逻辑——出售时间。对于大部分网络游戏来说，只要愿意投入时间，就一定可以在游戏内获得不错的收益。但是在绝大多数玩家看来，这个时间的投入是相当乏味的，所以花钱就相当于找了一条捷径，节省了时间。日后从网页游戏到手机游戏，玩家最主要的付费动力都是节省时间。

"开箱子"的模式并不是只有中国游戏公司在使用，也不是所有游戏公司都能够运用得很好。2007年发行的《军团要塞2》在2010年加入了"开箱子"系统，欧美游戏最早尝试这种收费模式，最终效果相当不错，为开发公司Valve创造了极高的流水。后来又有《死亡空间3》《质量效应3》《刺客信条3》等大量游戏加入了"开箱子"系统，但主要集中在联网游戏里，所以还没有引起很大的争议。第一款让玩家群体激愤的游戏是2014年的PSV游戏《自由战争》，这款游戏因为加入了内付费被玩家强烈抨击，连续作都没有推出。大批欧美和日本公司尝试过各种程度的内付费和"开箱子"，目的就是试探消费者能够接受的内付费的底线。

真正让消费者完全无法接受的是EA。2017年，EA的《星球大战：前线2》出人意料地加入了"开箱子"。作为一款3A级别的游戏，EA因此招来了一片差评。几乎在所有平台，这款游戏都被玩家给出差评。最终，EA被迫撤下了"开箱子"的功能。此外，华纳的《中土世界：暗影之战》也因为加入了"开箱子"的模式，在Metascore上的评分低至3.5分。

除了抵制之外，也有很多人开始对"开箱子"这种模式是否涉嫌赌博展开讨论。最终，美国分级机构ESRB认定，只要不涉及双向的现金兑换就不算赌博，大部分国家的权威机构也给出了类似的认定结果。也就是说，只要道具不可以在游戏里直接兑换回金钱，那么就不算赌博，但媒体显然不接受如此简单的认定。很多媒体在评论"开箱子"涉嫌赌博时，提到了2016年的《文化部关于规范网络游戏运营加强事中事后监管工作的通知》（于2017年5月1日起施行），其中规定：网络游戏运营企业应当及时在该游戏的官方网站或者随机抽取页面公示可能抽取或者合成的所有虚拟道具和增值服务的名称、性能、内容、数量及抽取或者合成概率。该政策也被国外媒体引用参考，这也体现了中国在网络游戏领域的世界领先地位。

这次关于"开箱子"是否涉嫌赌博的争论最终是有效果的。

2018年，荷兰和比利时政府都表示"开箱子"是博彩的一种形式，比利时博彩委员会也出台了关于"禁止通过随机方式出售游戏道具"的相关规定。很快，任天堂决定在比利时下架两款内设"开箱子"机制的游戏，以遵守当地反赌博相关的法规。

2019年4月，苹果的《App Store 审核指南》规定，提供"战利品箱"或其他随机虚拟物品购买机制的 App 必须在客户购买前，向客户披露每种类型物品的获取概率。

图 5-8　各种游戏中的"开箱子"

2019年5月24日，由美国议员提出的禁止游戏开箱的法案通过，要求所有游戏厂家必须在游戏内注明"抽卡"的概率。

2019年5月30日，Google Play 发布消息，要求所有已上架的 App 在 9 月 1 日前，必须将游戏内的抽卡机制调整至符合新规定。与此同时，Google 还在支付条款里添加了新的规则："需要付费抽取随机道具（比如抽卡或开箱子）的 App 必须在付费前标明抽取概率。"

2018年11月，韩国官方开始对游戏里开箱子的机制进行调查。

2020年，ESRB宣布游戏公司必须在游戏内加入表示是否有内付费的标识。

时至今日，不只是玩家对"开箱子"有意见，各国和各个平台在政策层面上也开始压缩"开箱子"游戏的生存空间。

我们回到"开箱子"这个游戏机制本身。

从游戏机制来说，"开箱子"的核心特点是随机性，但这在众多游戏机制里是最复杂的，同时也是最容易做手脚的。游戏内的随机全是伪随机，比如大部分游戏的暴击率不是面板显示的数额，最典型的是 DotA，当暴击率高于 30% 以后，第一次攻击的实际暴击率明显低于面板暴击率，但随着没有暴击的攻击次数逐渐增多，实际暴击率会渐渐超过面板暴击率，甚至直接奖励一次暴击。这种设计主要是为了设定暴击边界，降低第一次就出现暴击的概率，否则会让对手的游戏体验十分糟糕。这种设计也可以让玩家获得补偿，玩家不至于因为好久没有暴击而过于沮丧。

游戏内的"开宝箱"也使用了类似的机制，比如抽卡保底机制，最常见的为十连抽保底，即玩家每抽十次卡必然可以获取一张高等级的卡片。还有一种被称为素材保底的机制，意为玩家抽到的低等级卡依然可以在游戏里被有效地利用，常见方式是作为升级其他卡片的素材。

2010 年到 2014 年间，中国的网游公司又创造了一种相对新颖的收费模式——道具交易收费。在这种模式下，游戏公司可以从玩家之间的交易里抽成。游戏公司采用这种模式有两个原因：一是免费网游模式的社会争议过大，一些公司希望通过新的模式缓解舆论压力；二是游戏内的道具价格节节攀升，游戏公司可以从中挖掘很大的获利空间。

但道具交易收费模式没有成为网络游戏的主流，反而越来越冷门，其中最典型的代表是《暗黑破坏神 3》。《暗黑破坏神 3》的内置拍卖行提供了非常丰富的道具交易功能，玩家可以在上面购买游戏币和道具，也可以直接用游戏币购买道具。也就是说，"氪金玩家"可以直接花钱购买游戏币和道具，而想纯粹靠双手努力的玩家也可以在游戏内获取游戏币后到拍卖行购买道具。

《暗黑破坏神3》会内置拍卖行的消息一经发布就引发了极大的争议，因为很多人认为这个拍卖行和私下交易的本质一样，只是暴雪会从中抽取交易额的15%作为交易费，这是暴雪过度贪财的表现。最终，暴雪还是上线了拍卖行。《暗黑破坏神3》曾经的首席设计师杰伊·威尔逊（Jay Wilson）在2013年的GDC（Game Developers Conference，游戏开发者大会）上解释过设计这套系统的初衷："它可以减少游戏中的欺诈行为，保护玩家的利益；它能够为玩家提供所需要的服务；仅有少数玩家会使用到这一系统；它将对游戏内装备物品的价格起到限制作用。"但现实却走向了另一个极端，拍卖行没有实现任何一个目标。拍卖行的存在，吸引了大量的打金工作室一拥而入，使得游戏币在很短的时间内疯狂贬值。仅仅几周，游戏币的兑换就从20美元兑1亿游戏币降到1美元兑1亿游戏币，这个贬值幅度堪称游戏内的金融危机。尽管在暴雪封禁了一批明显的外挂账号后，这个问题有所缓解，但游戏币贬值的趋势依然无法遏止，最终导致玩家必须用美元购买金币才能交易游戏内的其他道具。因为玩家通过自己的努力获得游戏币和直接在拍卖行上购买游戏币在产出效率上差距过大，大部分玩家玩一晚上获得的游戏币还不如花1美元购买来的金币多。原本两种群体都可以使用的拍卖行，变成了玩家只能用货币交易，更重要的是，因为《暗黑破坏神3》有联网属性，那些想纯粹体验游戏乐趣的玩家发现自己无论如何都不如那些直接花钱的玩家，这极大地降低了这类玩家对游戏的兴趣。

《暗黑破坏神3》的拍卖行于2012年6月正式上线，于2014年6月24日宣布永久关闭，只存活了两年的时间，这期间暴雪还数次调整拍卖行的模式，但都不成功。

《暗黑破坏神3》遇到的问题就是把游戏币的发行权交给了玩家，而玩家最终选择了无限制地发行游戏币，在这种情况下通货膨胀是完全无法避免的。

这个客观问题导致几乎所有尝试游戏内道具交易模式的游戏都非常不成功，只要涉及游戏币和现实货币的兑换，就一定会遇到通货膨胀的问题。此外，在很多国家，游戏内道具交易的模式甚至还会触及法律红线，因为涉及赌博和非法货币兑换等诸多问题，所以推广非常困难，无法大规模普及。

采用游戏内道具交易模式相对成功的只有《梦幻西游》。2009 年，《梦幻西游》出现了严重的通货膨胀，同样是工作室横行导致的。为了解决游戏币泛滥的问题，网易开始研究游戏币的回收机制。最典型的一个做法是在游戏内增加了一套股市系统，这套系统占用了大量的流动资金，同时通过让股市下跌，使得大量游戏币随之蒸发。也就是说，网易靠着这一手操作使大量游戏币凭空消失，而玩家也无处申诉。除此以外，网易还在游戏里设置云游道人、打书、炼妖等海量回收游戏币的方式，使得游戏币在游戏内无法大量流通。

美国康奈尔大学经济学家罗伯特·布卢姆菲尔德（Robert Bloomfield）说过："如果一款游戏拥有 10 万个用户，而且玩家可以对虚拟物品进行买卖，那么，这家公司就需要一位经济学家对游戏系统把关，防止虚拟经济失控。"绝大多数欧美网络游戏公司聘请了专门的经济学家负责游戏内经济体系的运作，但大部分欧美网络游戏经济模式的设计明显不如中国网络游戏，大量经济学家的理论远比不上中国游戏策划在上亿玩家规模的市场里摸索出来的经验更管用。

最后还有一个多少有些残酷的话题，整个 PC 网络游戏市场已经冷却很久了，尤其是 MMORPG。从 2012 年以后，MMORPG 的爆款就越来越少，甚至新游戏也寥寥无几，以前热衷于开发 MMORPG 的韩国公司开始一窝蜂地做手游，时至今日[①]还在持续更新的国产 MMORPG 大作也只有《剑侠情缘网络版叁》和《逆水寒》，其中《逆水寒》是这些年极少有的大投资

---

① 截至本书出版。

MMORPG 新作品，然而成绩不是很理想。MMORPG 没落的背后主要有以下四个原因。

第一，PC 游戏玩家的数量在明显下降，甚至很多年轻人家里已经没有了计算机。

第二，从页游到手游，可以赚钱并且更容易赚钱的地方实在太多，计算机平台的 MMORPG 对于开发公司的吸引力越来越小。

第三，MMORPG 一直以来都是高风险类型，游戏开发投资高，获取用户成本高，唯一低的是收入。对于游戏公司来说，只要有其他选择都不会愿意开发 MMORPG。哪怕在中国 MMORPG 最兴盛的那几年，真正赚钱的游戏也不是太多，大家都抱着买彩票的心态在做。既然都是买彩票，多数人肯定会选择买价格更便宜、收益更高的彩票。

第四，玩家的需求明显转变，传统 MMORPG 为了增加玩家的游戏时长，不可避免地会出现大量重复性内容，年轻玩家越来越无法接受这种内容，而年纪大的玩家很有可能已经不玩游戏了。

所以 MMORPG 的衰落几乎是必然的，很难逆转。虽然不排除未来可能偶尔还会产生爆款 MMORPG，但越来越难。MMORPG 更有可能转向所谓的 MMORPG-Lite 类，就是更接近单机游戏但加入 MMORPG 元素的联网游戏。这种类型的游戏对于玩家来说是相对轻量级的游戏，游戏压力不大。

本章参考资料：

[1] 林军. 沸腾十五年：中国互联网 1995～2009[M]. 北京：中信出版社，2009.

[2] 刘健. 电玩世纪：奇炫的游戏世界 [M]. 天津：百花文艺出版社，2006.

[3] 刘立京. 盛大为什么：追梦人陈天桥 [M]. 北京：现代出版社，2010.

[4] 郑峰. 盛大创业内幕 [M]. 杭州：浙江人民出版社，2012.

[5] 吴晓波. 激荡十年，水大鱼大 [M]. 北京：中信出版社，2017.

[6] 大漠小虾. 历史与现实——网络游戏备忘录 [J]. 大众软件，2005，15：165-171.

[7] Littlewing. 虚拟的游戏，真实的利润 [J]. 大众软件，2005，14：125.

[8] 冰河. 变脸——价格战的阴影 [J]. 大众软件，2004，22：30-35.

[9] 冰河. 史玉柱和他的"乖孩子"[J]. 大众软件，2009，12月上：106-107.

第6章

网页游戏和手机游戏

网页游戏的繁荣和没落

占领一个应用场景是游戏行业做市场定位最常见的思考方式，网页游戏一开始就是这种思路的产物。

网页游戏，指的是那些不需要下载客户端，打开浏览器就可以玩的游戏，有单人游戏也有多人游戏。相比较客户端游戏来说，网页游戏最大的优点是游戏门槛较低，玩家不需要下载客户端，不需要安装，也不需要有太高的配置，只要能打开浏览器，能联网就可以玩。

早期的网页游戏公司在定位玩家时，都会以工作人群为主，因为这些人在上班时可以偷偷玩游戏。过了几年，游戏公司发现自己的玩家定位并不是那么准确，所有人都可能成为网页游戏的玩家群体，同时所有人也都可能不是。

网页游戏是电子游戏诞生以来最大的异类。从产品自身来说，网页游戏最大的优势是便捷，玩家只需要打开浏览器就可以玩。这个便捷到底是不是用户真正的诉求一直是游戏市场的热门议题，而时至今日我们已经可以下最终结论：对于大部分玩家来说并不是，也就是便捷性是游戏公司凭空想象出的需求。从网页游戏的参与公司来说，真正对这个行业投入极高热情的不是游戏公司，而是很多和游戏行业无关的互联网公司，比如运营足球相关内容的互联网公司，与股票相关的互联网公司。这些互联网公司在之前的十多年时间里一直找不到一个合适的盈利点，而网页游戏让他们看到了赚钱的可能性。

也就是说，无论从外部看还是内部看，网页游戏从一开始就透出一种不和谐的气质。说它是游戏，确实是游戏，但从诞生到发展，其所做的事和传统游戏天差地别。

网页游戏出现得很早，很多公司考虑过把早期的 MUD 游戏搬到网页上，但效果一直不好，原因就是对于游戏玩家来说，打开 MUD 的成本其实比打开浏览器的还要低，而且更加方便。在 20 世纪 90 年代的中国，出现了一种被称为"江湖"的聊天室游戏，它也是 MUD 游戏的变种，玩家通过文字描述来推进游戏剧情，还可以在各个聊天室里练级、打工、赛马、喂养宠物和建立家庭。和 MUD 相比，网页游戏的界面更美观，能在同一个页面展现的内容也更丰富。这种模式在一段时间内吸引了不少玩家，但是并没有坚持下去，倒不是玩家不想坚持，而是公司放弃了，因为找不到任何盈利模式。并且因为要通过浏览器，对服务器的要求也远远高于传统的 MUD 游戏。在收入低且成本更高的情况下，自然没人愿意继续做下去。日后运营了《魔兽世界》的第九城市就做过这类游戏，而第九城市本身也是典型的虚拟社区。

所以严格意义上来说，网页游戏是 BBS 的市场延伸，并不是游戏市场的拓展。日后网页游戏市场的发展不停地在验证这一点。

最早开辟网页游戏市场的是两款德国游戏，分别为《银河帝国》（*OGame*）和《部落战争》（*Travian*）。这两款游戏最具创造性的地方是没有做成 RPG，而是做成了策略游戏。这为日后的网页游戏开发者提供了一个好点子，也开启了中国网页游戏的新篇章。从题材就可以看出来，早期中国的网页游戏基本是三国主题，这么做的核心原因就是《部落战争》里有三个阵营，大部分游戏只需要把主题换成三国，甚至游戏数值都不用改变就可以成为一款新的游戏了。这种纯粹借鉴玩法的低成本创业思路，为网页游戏市场埋下了一个巨大的隐患。

从 2004 年开始，Facebook 在美国爆红，中国也迎来了社交网络创业的热潮。2005 年千橡收购了 5Q 校园网，又在 2006 年底收购了王兴创办的校内网并统一成新的校内网，后改名为人人网。到了 2008 年，人人网的用户数已经超过了 2000 万，并且拿到了软银 4.3 亿美元的投资。同一年，人人网开启了开放平台功能，邀请开发者在人人网开发游戏。

很快，一批有创造性的小游戏进入人们的视野。早期最有代表性的是《抢车位》，游戏的玩法是可以把车停在自己好友的车位里，停车时间越长，获得的游戏币越多，进而可以买更好的车。但好友也有可能会给你的车贴罚单,如果贴了罚单朋友就会获得收入,而你则一点儿收入都没有。显然,这种游戏模式根本谈不上游戏性,其唯一的优势就是利用好了社交媒体中的好友关系。

《开心农场》是另一款将网络社交关系利用到极致的游戏。2008 年 6 月,一家叫五分钟的公司成立,这个名字的寓意是专做人们每天花五分钟来玩的游戏。一开始,五分钟尝试的都是移植在计算机上已经有点影响力的小游戏,但是效果并不理想,之后在试错中做出了《开心农场》。在极短的时间里,《开心农场》就火遍了所有的社交网站,从开心网、校内网再到 QQ 空间,上演了一次全民的"偷菜热"。甚至这股热潮还传到了美国,2009 年 6 月 19 日,Facebook 上出现了一款非常像《开心农场》的游戏,名为 *FarmVille*,在全世界引起了现象级的轰动,半年后总玩家数超过 8000 万,进而把其开发公司 Zynga 送到了纳斯达克。陈一舟在回顾人人网的历史时就说过:"2007 年、2008 年中国互联网最重要的一个创新,是上海五分钟社交游戏公司开发的《开心农场》。"

《开心农场》是第一款由中国人打造、对游戏行业有革命性意义的游戏,它的两个划时代的创新为日后的游戏市场带来了重要启示。一是以往大家提到联网游戏时,能够想到的都是双方或者多方必须同时在线,但这就导致联网游戏的门槛非常高,而在《开心农场》里,玩家下线期间也可以和人被动完成社交,这就是日后网页游戏和手机游戏普遍使用的异步社交模式。二是《开心农场》同步了游戏和现实的时间,将游戏里的收获时间和现实时间对应起来,这就让玩家在脱离游戏后还会经常想着游戏,有很多人定闹钟收菜就是因为这个机制,日后大部分页游和手游也遵循了这套设计逻辑。

虽然这批社交游戏取得了现象级的成功,但热度下降得也十分快,绝大多数游戏的生命周期很短,比如五分钟开发的游戏。在《开心农场》后,五分钟就一直没有再做出可以支撑公司运作的游戏,最终走向了破产,这中间只用了不到五年的时间。这批游戏没落的原因，主要是没能回答好一个最核心的问题——到底是社交重要还是游戏重要？在这批游戏中，无论是《抢车位》还是《开心农场》，都更像是一种游戏化的社交手段，本身的游戏性不强，只是靠社交获取用户。也就是说，在这个阶段社交是更重要的，这批游戏的玩家只要和好友一起玩游戏就会觉得十分有趣。但事实上这是很有迷惑性的，对于游戏公司而言做社交游戏并没有这么简单，因为做社交相对容易，提升游戏性则非常困难，一段时间后玩家必然会对单纯的社交感到乏味，进而将需求转移到游戏性上。

相比较商业模式，这个阶段游戏行业最关心的话题是到底用什么技术。传统的互联网前端表现力非常弱，所以网站上的动画内容严重依赖 Flash。Flash 是一项非常明显的双刃剑技术，一方面它的表现力非常强大，甚至可以用来制作大型游戏；但另一方面，Flash 对系统资源的占用极其严重，同时和网站本身的交互是剥离的。所以互联网标准的制定者们就拓展出了名为 HTML5 的下一代互联网前端技术标准，配套的还有前端语言 CSS 的最新版和各种复杂的前端框架。网页游戏火起来的第一个时间点，正好是 HTML5 标准提出的那两年，所以出现了一批公司研究是否可以剥离 Flash 开发新一代的网页游戏。

现实是残酷的，这批投入 HTML5 怀抱的网页游戏公司基本破产了。

我们回到商业模式的话题上。在 2007 年前后，中国的互联网行业遭遇过一次地震级的灾难。那时中国的互联网公司有一个很重要的盈利模式，叫无线增值服务，"移动梦网"和"百宝箱"都是重要的平台。这些平台为手机用户定制彩铃、彩信和小游戏等服务，用户通过短信来付费。提供这种无线增值服务的服务商称为 SP，全称 Service Provider。但这种服务在一段时间里被严重滥用，大量网站恶意引导用户付费，用户甚至在不经意间被扣费，于是，监管部门和运营商开始加强整治。2006 年 7 月 10 日，中国移动率先行动。中国移动原本只在用户订购无线增值服务成功后发送一条通知短信，但从这天起，免费试用期结束后会再发一条提醒确认短信，同时原本只有三天的免费试用期也延长到一个月。一个月后，中国联通宣布，取消按条收费业务，统一实行 10 元包月的制度，并且用户必须发两次短信进行确认才会开通。2007 年 6 月，265 家公司被勒令整改，包括搜狐、网易、腾讯、TOM、华友、天极、美通无线、掌中万维、锋众等 SP 行业巨头。据不完全统计，仅仅在 2007 年第四季度，被通报批评、责令整改、行政处罚的违规 SP 企业就有 50 家，有 15 家违规情节严重的 SP 企业被依法要求停业整顿。

图 6-1 移动梦网的界面

这让整个 SP 市场受到了严重冲击，到 2008 年行业大部分公司的营业额下跌超过 80%，过半的公司破产。但是，这也间接拯救了中国的网页游戏和手机游戏产业，尤其是网页游戏。当时被政策限制得不知所措的 SP 从业者们，突然意识到网页游戏可能是一个非常好的盈利模式，于是纷纷和网页游戏公司合作，并设计出了一个非常有意思的产品运营模式——联合运营，简称联运。

第一款成功的联运游戏是《热血三国》,在2008年,这款游戏联合了91wan、4399等业内大公司运营,最终活跃用户数十万,月流水数百万,引起了巨大的轰动。2009年,《天书奇谈》《魔力学堂》《乐土》三款游戏的月流水全都达到300万元以上,其中《天书奇谈》更是高达2000万元。2010年10月,腾讯的《七雄争霸》月收入过亿,同时在线玩家数高达60万,超过《征途》成为2010年度收入第七高的国产网页游戏。

2011年,《神仙道》上线,成为全世界第一款真正意义上现象级的网页游戏,打开了这个市场的大门。《神仙道》由光环游戏研发,心动代理发行。截至2015年4月30日,《神仙道》页游和手游版创造的总产值合计超过25亿元。其中,网页版《神仙道》联运平台达380个,几乎涵盖了市面上大大小小的页游平台,2012年3月当月流水突破1亿元,为游戏圈子津津乐道。

网页游戏之所以可以在短时间里取得成就就是因为联运。在网页游戏市场,联运就是灵魂。

联合运营是指网络游戏研发厂商以合作分成的方式将产品嫁接到其他合作平台运营,即研发厂商提供游戏程序和后台系统等必要资源,合作平台提供流量和广告位等资源进行合作运营。和传统游戏运营区别最大的地方在于,以往的网络游戏都有固定的运营方,一款游戏对应一家运营公司,而联运是把一款游戏给了大量的平台一起运营。

联运之所以出现有两方面的原因:一是网页游戏的开发门槛低,竞争激烈,推广产品的成本极高且难度大,同时网页游戏的开发团队一般较小,也无法承担早期的推广成本;二是很多传统的互联网公司一直难以盈利,传统广告的盈利天花板太低,而网页游戏相比客户端游戏运营成本更低,可以更方便地把自己的流量资源传播过去,同时很多互联网公司也没有实力去买断一款游戏,所以同时和大量游戏平台合作成了一个很好的选择。因此,联运是一种双赢的模式,对于传统的互联网公司来说,盈利压力过大,网页游戏就成了一个让他们实现盈利的绝佳机会。

联运这一模式在日后被中国公司做成了一条自动化的行业流水线。传统上，一款网页游戏做联运，每款游戏需要接入不同的游戏平台，而每个平台都要针对性地调试接口。这就增加了很多的工作流程，不只是复杂，还有可能出错。所以国内一批网页游戏公司开始研究做专门的网页游戏发布平台，游戏的开发团队把游戏接入发布平台，然后发布平台再和其他平台合作，这样同时降低了游戏开发方和平台双方的成本。国内网页游戏公司中的佼佼者智明星通和乐元素都靠这种方式赚取了第一桶金。

大约在 2015 年时，网页游戏的几乎每一个环节都有专门的公司参与，这个行业拥有了一个高度机械化的开发和管理流程。但这种高度机械化根本不像是游戏行业，玩家什么时候见过游戏行业有过流水线化的生产和分发流程呢？——"雅达利冲击"时期。显然，这种高度机械化的结果就是，游戏本身的质量怎么样在开发和运营方看来完全无所谓。

网页游戏的品质是相对不重要的，这是早期网页游戏创业者的共识之一，他们认为更有意义的是快速开发新游戏和找到更便宜的流量。早期，一款网页游戏的生命周期大概是 3～6 个月，与很多可以运营数年的客户端网络游戏相比，这个生命周期实在太短。这是由两个原因造成的：一是网页游戏的开发成本过低，导致在一年的时间里就出现了产品过剩的情况，同时因为 Flash 在浏览器环境内表现力有限，所以游戏本身可以有差异化的地方也不多，更加剧了同质化的问题；二是绝大多数网页游戏内容的可玩性不强，主线内容极短，玩家很容易失去兴趣。事实上，这两点原因在互相作用，因为生命周期短，所以游戏内容就少，进而又使得生命周期更短，所以在之后的网页游戏市场里，甚至出现了大批生命周期不足一个月的网页游戏，比院线电影还短，显然这是非常糟糕的。从这一点已经可以看出这个行业有崩盘的可能，只不过当时的人们都不愿意承认。

早在 2011 年，艾瑞的调查报告里就指出，35% 的中国网页游戏用户将

"好的创意"视为评价产品优势的第一标准,远高于画面、情节、价格等因素。网页游戏表现力受限的特点决定了这类游戏不可能达到与客户端网游同样的制作水准,因此,创意成为网页游戏制胜的最大武器。

开发团队为了让游戏尽快上线,缩短每款游戏的开发时间,想了很多办法,其中最重要的一点就是"换皮"。所谓换皮,指的就是游戏的核心玩法,甚至数值系统都不变,就是更换一套美术和文字内容,然后就成了一款新游戏。比如一款三国背景的游戏,换一套春秋战国的美术风格就可以重新上市。有很多人调侃,一家换皮页游公司其实只有一套程序和一堆美术外包公司。那时的游戏行业甚至离谱到大部分公司有一套自己的换皮程序,只需要把美术素材拖进来,然后改改文字内容就够了,这个过程都不需要程序员介入。一款游戏的开发时间被无限压缩,甚至压缩到和游戏的生命周期一样短。显而易见,这样根本不可能做出好游戏。

在这个过程中,一些游戏开发方发现了一个非常特殊但聪明的思路,既然大家的游戏是一样的,那么就用游戏以外的内容吸引玩家,这些内容就是IP,Intellectual Property,中文译为知识产权。用最通俗的话来说,就是通过和那些大家耳熟能详的作品的版权方合作来改编游戏。也就是说,在大家都换皮的情况下,如果可以换一个大家耳熟能详的作品,那么自然就有了优势。从2008年到2012年,中国的头部IP改编价格翻了十倍以上,甚至百倍以上的也不在少数,这些公司都"疯"了。

换皮显然会涉及法律问题,毕竟很多公司的游戏过于相似。在经历了一系列案例以后,游戏行业对换皮游戏相关的法律问题有了三点共识:

第一,电子游戏可以构成类电影作品,进行整体保护;

第二,游戏玩法规则的特定呈现方式受著作权法保护;

第三,对于换皮游戏应进行游戏整体比对,而不是美术比对。

从游戏从业者的角度来说,这三个参考点非常准确。游戏行业长久以来一直有个说法,即玩法是没有专利的,抄玩法不算侵权。确实如此,否则同一个类型的游戏都是对既有游戏的侵权，如果相似的玩法算是侵权的话，行业根本无法发展。这三个共识中最重要的是玩法规则的特定呈现方式受著作权法保护，这个特定呈现方式避免了被轻易侵权，也不会影响行业发展。只要借鉴核心玩法，在呈现方式上有所创新，做出来的游戏就是全新的。

这是中国游戏产业最接近"雅达利冲击"的时候。随着国内市场竞争越来越激烈，一些开发团队意识到了潜在的问题，开始把中国的网页游戏出口海外，希望拓展海外市场。从结果上来看，可以说超出所有人的预期和想象，时至今日中国公司开发的网页游戏已经占据全世界网页游戏市场70%以上的市场份额，可以说网页游戏就相当于中国的游戏。

网页游戏开发团队解决了开发游戏的问题，运营方就要想办法解决赚钱的问题。

网页游戏的成功有两点原因：一是联运；二是付费模式的设计。中国互联网公司把传统网络游戏里的付费方式分离提纯了，除了核心付费点以外，剩下的内容都不太重要。对于游戏公司来说，赚钱的关键就是两个词：限时和差一点儿。

限时指的是通过种种手段，让玩家玩到最开心时戛然而止；差一点儿指的是玩家要完成一件事所需要的资源一定是正好差一点儿。这两点综合在一起促使玩家持续消费。此外，在设计具体细节时，会尽可能地让玩家有花小钱办大事的感觉，最典型的设计就是玩家的游戏内资源总是差一点点，而稍微花一点钱就可以弥补这一点点，当玩家愿意花这一笔小钱以后，也就意味着玩家有可能会花更多的钱。

还有另一种解释。中国网络游戏的设计逻辑是，先给玩家提供一点乐趣，然后让玩家感受到高于这个乐趣的痛苦，进而促使玩家通过消费抵消痛苦，玩家就能获得一种前所未有的快感。

中国的网页游戏和客户端网络游戏一样，玩家结构很特殊，都是依赖少部分玩家大量消费来盈利。绝大多数网页游戏，极少数的玩家充值的钱比剩下 99% 玩家的还要多。所以网页游戏的付费模式设计得非常直接，就是费尽心思让这极少数玩家心甘情愿地花钱。

在这种情况下，游戏策划只需要明白一件事，就是充钱可以变强，然后合理控制变强的幅度就可以了。一方面要让玩家在充钱以后实实在在地感觉到自己变强；另一方面变强的幅度不能太大，否则充的钱就太少。在不断的尝试中，游戏公司发现，其实控制相对强度比绝对强度更有意义，只要控制这些玩家在充值后得到一个合理的排名，就可以达到刺激玩家持续消费的效果。比如，保证每个玩家充值 100 元可以进入服务器前 500，充值 1000 元可以进入服务器前 100，充值 10 万元就可以进入服务器前 10。只要设计出适合游戏的价值区间，就可以最大可能地获取利润。基于此，就出现了一个非常有网页游戏特色的设计——滚服，即一直开新的服务器，保证新玩家永远处于新的环境里，不会被之前的玩家影响，同时让每个服务器里都有相当数量愿意充值的玩家，那么就可以达到最理想的效果。

显而易见，滚服是一种缩短游戏生命周期的手段，对于网页游戏来说，滚服基本意味着玩家放弃游戏内的常规社交，剩下的只有冲榜这一件事。

在滚服的背景下，游戏公司开始区分玩家。除了那些特别喜欢花钱的"鲸鱼玩家"以外，还有一些被称为"蝗虫玩家"的群体，也就是那些不愿意花钱的群体。"蝗虫玩家"数量庞大，但对游戏开发公司的利润贡献不大。在传统的客户端网络游戏里，不花钱的玩家也有意义：一是他们可以提供合作、对抗等游戏社交功能；二是游戏的整体生态环境需要相当数量的玩家来维持。但对于网页游戏来说，这两点的需求不大，所以这部分玩家就成了网页游戏公司的累赘，于是这些公司又采取了一个新的操作——筛选用户，意思就是设计合理的游戏节点，淘汰掉那些不愿意花钱的用户。对于网页游戏公司来说，玩家如果不花钱就毫无价值，这样的玩家一般越少越好。

在这个背景下，网页游戏行业出现了很多离谱的乱象。有网页游戏的从业者就说过这样的话："我觉得我做的游戏很低劣，但是还一直有人玩，还有人充值，我自己都不明白到底是什么人在玩，什么人在花钱，这些人都有毛病吗？"虽然言辞激烈，但说出了大部分网页游戏从业者的心声。

2015年以后，中国的网页游戏就游戏本身已经看不到任何新鲜的内容，反而是营销越来越出人意料。这时的网页游戏市场几乎被所谓的"传奇类"游戏霸占。这种"传奇类"游戏指的是那些画风和玩法类似《热血传奇》的游戏，相比较游戏本身，这批游戏的营销才真是让人大开眼界。这批游戏都不约而同地邀请了娱乐圈明星代言，让这些明星穿着游戏内的装备，说一些雷人的台词拍成广告，并且将广告高密度地投放在各个平台。

这种营销行为本质上和换皮的思路相近，都是在游戏本身无法有差异化的情况下，通过外部手段营造卖点。这些游戏的出现，导致玩家对网页游戏彻底丧失了兴趣。2015年以后，中国网页游戏产值出现了断崖式下跌，大批公司和开发团队开始进入其他领域，网页游戏彻底降温。

虽然网页游戏已经没落了，但依然非常值得注意，这是一个由中国人开拓出来的巨大市场。在绝大多数其他国家里，网页游戏是边缘类型的游戏，哪怕在东南亚和南美，有些国家的网页游戏市场也不算小，但也不赚钱。只有在中国，网页游戏创造了一年产值超过200亿元人民币这样惊人的成绩，这在整个游戏史上也是极为罕见的事情。

一个独特的游戏模式，在一个独特的市场，以一个让人无法想象的速度崛起，然后又以一个更让人无法预料的速度崩盘。这可能就是资本的力量。

最后，网页游戏的儿童市场经常被人忽视，事实上一直以来儿童都是网页游戏的主要用户，主要原因是当时大部分儿童还不会在计算机里安装游戏，所以游戏模式轻便的网页游戏自然而然成为儿童的首选。

2008年5月，《摩尔庄园》上线，是当时国内最大的儿童虚拟社区，一年后注册用户超过3000万。这款游戏主要针对的是8～13岁的儿童，那时全国的在校小学生有1亿人之多，所以《摩尔庄园》在全国小学生市场的影响力不言而喻。但到了2015年，《摩尔庄园》就停止了更新，开发团队解散。主要有三个原因：一是在《摩尔庄园》之后，类似的游戏大批量产出，包括《奥比岛》(2008)、《盒子世界》(2009)、《洛克王国》(2010)，市场竞争激烈；二是虽然看用户数儿童游戏可以算是一线游戏，但儿童群体付费能力不强，一直到游戏生命周期结束，这类游戏也很难赚到钱；三是随着儿童玩家年龄增长，他们会逐渐放弃这种看起来很幼稚的游戏，造成用户留存率非常低；四是儿童游戏一定程度上会导致未成年人沉迷问题，很难长久运作。

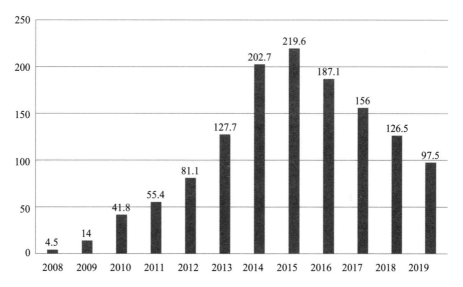

图6-2 中国网页游戏市场实际销售收入(亿元)

数据来源：《2019年中国游戏产业报告》，中国音像与数字出版协会游戏出版工作委员会，2019年12月20日

早期手机游戏市场

在十几年前,手机游戏并不被业内人士看好,被普遍认为是边缘市场,没有前途。到了 2011 年,开始有人认为手机游戏有不错的空间,但还是只能赚小钱。2012 年以后,这个行业彻底不一样了,它以超出所有人预料的速度增长,让游戏行业迎来了新一轮变革,不只在中国,世界范围内都是如此。

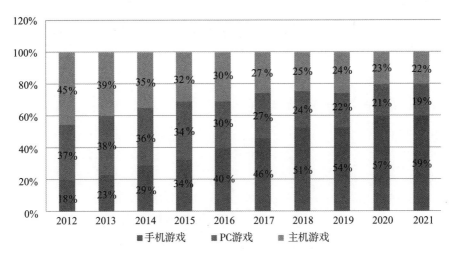

图 6-3　2012～2021 年,世界游戏市场三大平台销售额占有率
数据来源:数据服务和分析机构 Newzoo

我们从更早的时候说起。1973 年 4 月 3 日,摩托罗拉前高管马丁·库帕(Martin Cooper)给自己的竞争对手贝尔实验室打了一个颇有嘲讽意味的电话。库帕用的这部电话重约 1.13 千克,总共可以通话十分钟,它是世界上第一款商用手机——摩托罗拉 Dyna TAC 8000 的原型。1992 年 11 月 9 日,诺基亚推出世界上第一款商用便携式手机"诺基亚 1011",这款手机虽然在当时被认为是便携的,但也有接近一斤重,远远重过现在读者手上的智能手机。

那时的人们肯定想不到，未来手机的用途之一会变成玩游戏，其优先级甚至高过了打电话。

1994年，丹麦品牌Hagenuk在自己的手机MT-2000上预装了一款叫《俄罗斯方块》的游戏，这是世界上第一款手机游戏。这在当时看来多少有些不可思议，那时的手机很大，并且待机时间很短，人们一般肯定不会用手机来玩游戏。

1997年，诺基亚发布了6110型手机，并且在上面发布了一款游戏——《贪吃蛇》(*Snake*)，严格意义上来说，《贪吃蛇》并不是一款原创游戏，早在1976年，雅达利8800上就曾经出现过这种玩法的游戏*Blockade*。而第一款被大众熟知的类似玩法的游戏是来自1991年的MS-DOS 5.0里自带的一款叫作*Nibbles*的游戏，这款游戏是QBasic的演示程序。

《贪吃蛇》成了日后诺基亚手机里的常驻游戏，相应地，诺基亚也为这款游戏带来了数以亿计的玩家。因为是诺基亚手机自带的，所以游戏本身没有给诺基亚带来多少利润，只能算一个卖点，但也让诺基亚在手机游戏上收获了一点信心。在之后的十几年时间里，诺基亚一直在尝试为手机游戏提供更大的舞台。

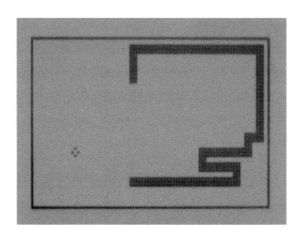

图6-4 最早的《贪吃蛇》

诺基亚选用塞班系统后，就提供了对第三方游戏的支持。塞班又包括 S30、S40、S60、S80、S90 等产品线，S30 和 S40 运行的是精简版的系统，其中 S30 可以运行不超过 64 KB 的游戏，S40 可以运行不超过 512 KB 的游戏，而 S60 以上的系统可以运行超过 1 MB 以上的游戏。这个配置已经足够让当时的开发者大显身手，但仅仅支持第三方游戏还是不如自己做游戏，而诺基亚早有这个打算。

诺基亚对手机游戏市场的野心是显而易见的。在 21 世纪初期，任天堂的 Game Boy 几乎垄断了移动游戏的市场，而这个市场对于诺基亚来说触手可及，毕竟全世界数以亿计的人手里都有诺基亚手机。此时的诺基亚占据了全世界一半的手机市场份额，坐拥超过 3000 亿美元的欧洲第一高市值，甚至还拥有全世界手机行业最高的利润率。这些优势让诺基亚根本没把任天堂放在眼里。

N-Gage 就是诺基亚野心的展现。这部手机在上市前就引起了游戏行业的高度重视，一方面是因为诺基亚的影响力，另一方面任天堂看起来确实没有什么应对的措施，手机替代掌上游戏机仿佛是理所当然的。

哪怕以今天的眼光去看，N-Gage 也是一个非常超前的产品。N-Gage 在上市前表现得很强势，除了有蓝牙、MP3 播放、无线上网、环绕立体声等领先任天堂的 GBA（Game Boy Advance）及市面上其他手机的配置以外，还笼络了 EA、动视、卡普空、世嘉等传统游戏公司，一开始就宣布推出了《古墓丽影》和《使命召唤》等大作。此外还有《荣耀之路》，这是世界上第一款多人在线手机游戏，使用的就是诺基亚提供的游戏中心功能。玩家可以在这个平台上交友、聊天、对战和分享自己的成绩，这个平台比 iPhone 的 Game Center 还要早七年出现，甚至功能要更加完善。此时的诺基亚像极了曾经的微软，作为行业巨头进入游戏行业，只是诺基亚对市场的敬意和耐心远远不及微软。

图 6-5　N-Gage

图片来源：The Vanamo Online Game Museum，已进入公共领域

诺基亚面临的第一个问题就是游戏数量太少，此时的 GBA 上已经拥有超过 400 款游戏，并且数量还在高速增长中。而 N-Gage 在发售一年后，游戏数量都不超过 40 款，甚至承诺首发的大作都一再拖延。诺基亚对这个问题重视不足，一直到 N-Gage 生命周期结束，所有游戏加起来都不到 100 款。游戏数量少背后的主要原因是，诺基亚一直没有下定决心将公司的全部资源投入游戏领域，以和一个远在日本的巨头去竞争。就是因为这个犹豫，诺基亚放缓了自己的脚步。

第二个问题是外部竞争突然激烈。在 N-Gage 上市前不久，任天堂发布了有背光功能、显示效果更好的 GBA SP，而 N-Gage 的价格是 GBA SP 的两倍。在上市几个月后，索尼又发布了画质完胜市面上所有手机的 PSP，PSP 的优秀显示屏和处理能力让市面上所有掌机设备都黯淡无光。在双重夹击下，N-Gage 就显得十分尴尬了。

第三个问题是当时的网络环境还不足以支撑 N-Gage 的野心，那时 3G 网络没有普及，传统的 2G 或者 2.5G 网络慢且贵，用户下载游戏变成了一件非常困难的事情。除了要负担下载游戏的费用以外，还要负担昂贵的网费，显然大部分用户不会接受。

N-Gage 有一个其他游戏机所不具备的优势，它毕竟还有手机功能，但这也是第四个问题——手机的基本功能做得太差了。因为 N-Gage 的正面按键太多，诺基亚不得不把听筒和话筒放在手机的侧面，结果用户必须用手机侧面来打电话，这可能是移动电话史上最奇怪的通话姿势了。诺基亚内部也对 N-Gage 的定位感到十分茫然，到底是要做一台能玩游戏的手机，还是做一台有打电话功能的游戏机？一直到 N-Gage 生命周期结束，都没人能给出一个合适的答案。

N-Gage 可以说是惨败。诺基亚对 N-Gage 的市场预期是数百万台的年销量，但上市前两周在英美两国只卖了 5800 台，后续销量也没能提高太多，失败已成定局。

到 2005 年底，诺基亚宣布放弃 N-Gage 这个产品线，这时的诺基亚疲态尽显。其实有成千上万家游戏公司愿意为诺基亚的手机开发游戏，其中也不乏优秀的作品，但诺基亚一直没能解决一个最根本的问题——如何赚钱。

那时的手机游戏公司有三种赚钱渠道：一是为手机预装游戏，当时的中小手机厂商对内容有诉求，会购买一些游戏放在自己的手机上（多年以后这个预装游戏的付费方完全调转，变成了游戏开发方给手机厂商钱）；二是卖给 SP，他们会收购游戏，然后放入自己的移动梦网里等待玩家付费下载；三是让玩家免费下载，但在游戏内植入广告。

从这些渠道可以看出，当时游戏的主要盈利模式不是从用户那里赚钱。显然这是非常不健康的商业模式，导致游戏公司的经营状况普遍糟糕。大部分公司是几个人的小作坊，很可能做两三款游戏就破产，能做出游戏来已经算庆幸了。那时除了 Gameloft 等少部分公司外，其余公司都在亏损。

大环境的糟糕让游戏公司动起了歪脑筋。那时游戏的主要下载渠道还是 SP，因为是先付款后玩游戏，游戏公司发现了可乘之机，大部分公司会通过混淆游戏的名字和图标诱导玩家下载和付费，这种行为被称为"骗点"。在这种情况下，玩家很难下载到自己真正想玩的游戏，而玩家也不是意识不到，总这么被骗，总有一天会不买账。在不同国家"骗点"的方式也有些差异。比如在移动梦网时期，日本用户主要使用的是 DoCoMo 的 I-Mode，虽然技术不同，但都以娱乐内容为主，通过扣话费提供增值服务，同样也存在着严重的骗点行为。可以说只要有一锤子买卖，就一定有这种行为。

这种糟糕的现象是人们不看好手机游戏最主要的原因。

在网络游戏时代，一个平台上的游戏要想成功，最主要的是付费渠道要畅通。这时的手机游戏面临的最大阻碍就是缺乏合适的付费渠道，移动梦网是一个很好的机会，但对小团队不够友好，同时因为移动梦网渠道被滥用，所以 2006 年以后受限严重。N-Gage 主流的付费渠道甚至是去实体店里充值，对用户极不友好。

到了智能手机时代，付费渠道的问题终于得到解决，手机游戏也迎来了自己的辉煌。

智能手机

苹果公司对游戏市场的野心由来已久，早在 1995 年，苹果就推出过名为 Apple Pippin 的游戏主机，但只卖出 4.2 万台，只有万代为其开发过游戏，成绩非常惨淡。

2008 年，苹果首次对外发布 SDK，让 iPhone 有了成为游戏平台的可能。为了直观阐释 SDK 的功能，苹果通过一款飞行射击类游戏《触控战机》直观地展示了通过 SDK 进行 iOS 游戏开发的体验。与此同时，苹果还推出了 App Store。

在介绍《触控战机》时，苹果高管斯科特·福斯特尔（Scott Forstall）说道："不需要手柄，不需要按钮，那怎么操控呢？通过内置的三轴加速计，只要来回移动手机即可。"对于大部分开发者来说，这次演示让他们意识到，iPhone 在游戏操作上有无尽的想象空间。此前手机游戏的操作只能局限在"上下左右"四个简单的方向里，而有了触屏以后，方向的选择就更加多样了。

iPhone 上最早的一批游戏里有世嘉推出的《超级猴子球》、EA 推出的《孢子》、Pangea Software 推出的益智游戏《魔法水滴》。其中质量最高的是《魔法水滴》，它充分利用了 iPhone 内置的 32 位 ARM CPU 的计算能力。

相比较传统的主机游戏和 PC 游戏，iPhone 游戏的特点很鲜明：开发耗时短、成本低。此外，所有游戏都统一通过苹果的 App Store 发布，理论上不需要第三方发行公司（虽然日后第三方发行公司还是很重要）。收入方面则采取营收分成模式，开发商占 70%，苹果占 30%。

App Store 掀起了智能手机游戏淘金热。在 iPhone 和安卓普及以前，手机游戏发展的障碍有三点：一是手机的显示效果；二是手机的待机时间；三是操作方式。直到今天，除了显示效果以外，其他两点仍然没有什么改观，而显示效果其实还是不太重要的一环，毕竟在塞班时代，手机的显示效果并不会比同时代的掌机差多少。手机游戏之所以崛起，有两个一直被忽略的重要原因：一是 App Store 提供的展示；二是 App Store 提供的更加便捷的支付方式。后一点更重要一些，毕竟在诺基亚时代，玩家一直没办法方便地购买游戏。

苹果平台上第一个爆款游戏是《愤怒的小鸟》，出自芬兰游戏巨头 Rovio。《愤怒的小鸟》的开发成本不到 10 万欧元，不能算一个大项目，但获得了意想不到的成功。2009 年 12 月，《愤怒的小鸟》在芬兰苹果商店上线，接下来两个月火遍丹麦、瑞典、希腊、捷克等欧洲国家。2010 年 3 月，《愤怒的小鸟》登陆英国苹果商店并获得 Game of the Week 榜首殊荣；同年，《愤怒的小鸟》登陆安卓市场，只是由于安卓市场收费机制不完善，Rovio 采用"免费 + 广告"的盈利机制，该版本下载量很快突破 2000 万。

11 月,《万圣节特别版》发布,再夺苹果商店下载榜首位,总下载量高达 4200 万次。

《愤怒的小鸟》火了以后遇到的第一个问题就是玩家不会反复购买,所以是一锤子买卖,收入并不稳定。再三考虑后,Rovio 决定借鉴游戏主机上 DLC(Downloadable Content,可下载内容)的做法,在自己的游戏里增加付费的元素,比如付费关卡。2010 年的 12 月,《愤怒的小鸟》上架整整一年的时候,关卡从最初发布时的 63 个扩充到了 225 个。这种模式之后被其他公司所借鉴,成为一段时间内 iOS 平台休闲游戏主要的盈利模式——先获取用户,再依靠扩展关卡赚取后续收入。

2012 年,《愤怒的小鸟》总下载次数突破 10 亿,是第一款突破这个数字的手游。

2014 年 1 月,《愤怒的小鸟》系列累计下载次数突破 20 亿大关。数字虽然很大,但 Rovio 已经意识到公司的问题:一是公司主要的盈利都依赖《愤怒的小鸟》里的角色,而这些形象在手游玩家群里的影响力在明显走低;二是公司其他自研游戏和代理游戏都十分失败。这一年,Rovio 的利润暴跌 73%,其中《愤怒的小鸟》周边商品的利润下跌 45%。

2015 年 1 月,从诺基亚空降的新 CEO 到岗,开始了大公司最擅长的工作——裁员。仅 2015 年 8 月,Rovio 就在全球范围内裁员 260 人,占其扩张期全球总员工数量的近 60%。

一直到 2016 年,Rovio 靠《愤怒的小鸟》大电影才扳回一局。

2017 年中国国庆节前,Rovio 在赫尔辛基纳斯达克上市。每股发售价格为 11.5 欧元,市值 8.96 亿欧元。在上市前,Rovio 刚刚拒绝了腾讯的收购。上市时的材料有一点很值得注意,2015 年全年,Rovio 的总营收为 1.42 亿欧元,税前利润为亏损 2029 万欧元。后来 Rovio 调整了公司的战略,把侧重点放在了形象授权上,转而以开发电影为主。

iPhone 时代的手机游戏都有两个非常显著的特征:一方面都应用了触屏

手机的特性，包括 Doodle Jump 和《神庙逃亡》都是如此；另一方面相对轻量、休闲化。当时有不少人认为这是手机游戏应有的形态，但其实只不过是受手机性能的限制，手机游戏必须是这个样子而已。

苹果平台的另一个爆款游戏是《部落冲突》，出自另一家北欧游戏公司 Supercell。2012 年 8 月，Supercell 推出战争模拟手游《部落冲突》，该游戏仅 3 个月的时间就冲到了美国收入榜第一名，并占据 App Store 游戏收入排行榜前 3 名长达半年之久，之后几年每年都保持着 10 亿美元以上的收入。其中 2014 年以 18 亿美元的惊人收入打破了年度手机游戏收入的纪录，2015 年下跌到 13.45 亿美元，2016 年微跌到 12 亿美元，但依然保持着前三名的位置。对于生命周期普遍较短的手机游戏来说堪称奇迹。

在《部落冲突》收入略有下跌的时候，Supercell 也没有闲着。2014 年，以海战为主题的游戏《海岛奇兵》上市；2016 年，卡牌对战游戏《部落冲突：皇室战争》上市。这两款游戏弥补了《部落冲突》下跌的游戏数据。

2017 年，Supercell 靠着仅有的几款游戏使营业额达到 20 亿 290 万美元，净利润 8 亿 1000 万美元。到了 2018 年，《部落冲突》的累计收入已经达到 64 亿美元，成为过去十年收入最高的手机游戏。2019 年，《部落冲突》的收入依然有 7.27 亿美元。

在海量现金流的背后，Supercell 是游戏市场上另类的公司之一，一方面一直是小团队运作，到了 2020 年还保持着 300 人左右的规模，从来没有进行过盲目扩张；另一方面，Supercell 对游戏内容的把控非常严格，甚至放弃了很多已经完成开发的游戏，而这在别的公司看来就是赤裸裸的浪费。

Rovio 和 Supercell 这两家芬兰公司的游戏代表了 iPhone 游戏的两种风格。Rovio 的游戏代表的是以触屏为交互方式、以买断制为付费方式的游戏，整体游戏风格小而美；Supercell 的游戏代表的是弱化触屏交互方式、以内付费为付费方式的游戏，整体游戏风格开始偏向重度化。

除苹果的 iOS 外，智能手机时代的另一个平台是安卓。从 2014 年开始，就有一批中国游戏公司把开发重点放在了安卓上，一方面是因为用户基数大；另一方面是竞争相对小一些。但一直到 2019 年以后，安卓才成为中国大部分手机游戏公司的首选，核心原因还是头部用户使用 iPhone 的比例较高，同时安卓的付费渠道相对混乱且成本高。在这个方面，欧美市场同样如此，甚至比中国的情况还要糟糕一些，一直到 2020 年，大部分欧美游戏公司还是只能把 iPhone 作为手机游戏的主要投放平台。

iPhone 和安卓带来的新智能手机游戏时代把手机游戏行业的宣发从 SP 模式过渡到应用商店模式。相比较 SP 模式，应用商店模式要先进得多，一方面是商店模式下，玩家和游戏开发团队可以直接沟通，开发方需要了解玩家的意见，玩家也可以发表自己的看法，这让游戏公司必须为自己游戏的质量负责；二是通过应用商店，会有更多的利润流到开发团队里，鼓励他们做更好的游戏。

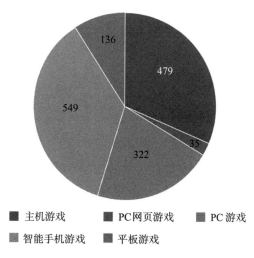

图 6-6　2019 年全球游戏市场产值(亿美元)

数据来源：数据服务和分析机构 Newzoo

中国手机游戏

在 SP 模式破产的那个阶段，中国的手机游戏可以说占尽天时、地利、人和。天时是 iPhone 正好在这个时候进入中国市场；地利是智能手机的商业模式非常适合中国市场；人和是中国有世界上最多的手机用户。

iPhone 进入中国以后，很多人认为手机只能以休闲游戏为主，一方面手机的处理能力有限，另一方面网络情况也不佳。在很长一段时间里确实如此，市场上几乎都是休闲游戏。中国休闲手机游戏最早的代表性作品是凯罗天下的《保卫萝卜》。《保卫萝卜》自 2012 年 8 月上线，在数十个市场排进总榜前五名，总玩家数上亿，是第一款走向世界的中国手机游戏。腾讯也靠着《天天爱消除》《天天酷跑》等"天天系"和"全民系"游戏正式步入手机游戏市场，并且取得了相当不错的成绩。

虽然这些上手简单、无须花费大量时间的游戏可以吸引玩家，却也存在单一的游戏内容无法产生高用户黏度的问题，玩家流失速度极快。更重要的是，这些游戏的特点决定了它们无法充分激发玩家的付费欲望，游戏公司很可能落入无利可图的困境之中。

这时游戏公司注意到，其实手机游戏和网页游戏非常相似，表现能力相对较弱，游戏不容易靠内容取胜，但通过低成本获取流量就很可能成功，也就是可以把网页游戏的逻辑套入手机游戏里。所以手机上的重度游戏一开始就是照着网页游戏做的，甚至就是网页游戏的移植，包括《神仙道》在内一批成功的网页游戏都做了手机版。通过这个模式，虽然大部分公司赚到了钱，但并不多，而且依然面临着和网页游戏一样的生命周期短的问题。

2012 年，日本市场上出现了一款相当不错的游戏《智龙迷城》，该游戏成为移动端卡牌游戏的模板，在此基础上，《我叫 MT Online》弱化了战斗环节，把策略变成了提升单卡质量和搭配卡组，这一改变立刻赢得了中国玩家的认可，并成为了一个爆款。同时，相比游戏的策划，游戏运营的手段更值得学习。

《我叫 MT Online》游戏内的道具非常贵，10 个符石的价格就要 1 元人民币，玩家随便开几个箱子就能花出去几十元人民币，这原本对于普通玩家而言并不友好，但《我叫 MT Online》又很聪明地把"玩家觉得贵"变成了"玩家觉得赚"。《我叫 MT Online》的做法是，尽可能地以各种借口赠送符石，除了每天登录游戏获赠符石外，游戏维护送符石、活动送符石、网络稍微不好送符石，可以说是费尽心思让普通玩家能够免费获得符石。起初其他游戏公司对这种送钱的手法不屑一顾，但很快大家就意识到这种做法非常聪明。一方面是让玩家觉得赚了，愿意继续玩游戏，毕竟这看起来就是游戏公司在"送钱"；另一方面是手机游戏都是靠大量鲸鱼玩家盈利，而给免费用户送钱无形中提高了鲸鱼玩家的充值门槛，也就是说，鲸鱼玩家必须充更多的钱才能和普通玩家拉开差距。事实上，《我叫 MT Online》这么送钱不光没亏，还赚了。

上线三个月后，《我叫 MT Online》的月流水就达到 5500 万人民币。全世界的游戏公司都开始学习这款游戏，从这款游戏开始，中国手机游戏引起了海外市场的广泛关注。

2016 年，中国超越日本和美国，成为全世界最大的手机游戏市场，《王者荣耀》是这一时期中国手游中最具代表性的作品。《王者荣耀》上市初期并没有引起玩家和游戏媒体足够的关注，一是因为它太像《英雄联盟》，而又不是《英雄联盟》；二是这种 MOBA 游戏究竟能不能在手机上玩，也没人能说好。但现实给予了《王者荣耀》最美好的回馈。

《王者荣耀》在 2019 年 2 月单月流水约为 71 亿元，2019 年大年三十这一天约 13 亿元；2020 年 1 月《王者荣耀》单月流水再次破纪录，达到 92 亿元，大年三十这一天接近 20 亿元。《王者荣耀》任何一款 S 级皮肤的销售额都在 2 亿元以上。这一系列数字让全世界所有游戏从业者震撼不已。

中国手机游戏行业有很强的产业性意义，有一批互联网公司在手机游戏的带动下迎来了快速发展，比如腾讯 2019 年财报显示，网络游戏收入高达 1147 亿元，增长 10%，在腾讯总收入中占比高达 30%，是腾讯收入最高的单一板块业务；网易 2019 年财报显示，网络游戏营收为 464.2 亿元，在网易总收入中占比 78.4%。而手机游戏占据了两家公司游戏收入的大头。

很多人把智能手机游戏的辉煌归功于机器的优秀机能，包括多点触摸屏幕、超强的处理器以及存储空间等，但其实这些并不是主要的，最重要的原因是随着 3G 和 4G 技术的出现，手机网速提高了，同时手机上网的价格降低了。传统游戏的分发方式是用光碟和卡带，渠道是游戏店，而手机使用不了光碟和卡带这些存储设备。与此同时，手机系统没有统一的文件格式标准，并且相比较光碟，存储卡的成本更高，那些尝试用存储卡分发游戏的公司基本失败了。在这种情况下，在线下载成了一种相对更好的模式，只是当时移动网络的限制使得这种方式没能普及开来。

除了 3G 和 4G 技术的普及外，移动支付方式的便利化也是促使手机游戏走向繁荣的重要原因。在诺基亚时代的末期，主流手机的画面表现力已经明显超过任天堂的掌机，但手机游戏市场反而是一潭死水。有不少公司尝试过在手机上做大作，但很快不约而同地选择放弃，核心原因就是没有良好的支付方式，无法让玩家付费。在当时如果想要购买一款手机游戏的话，有三种付费方式。一是最科学的信用卡支付，但是面临很多问题，比如信用卡在亚洲的普及率很低，信用卡只能支持少量场景的线上支付，信用卡支付的技术缺陷导致交易失败等。二是点卡模式，很多欧洲和亚洲国家用的都是这种模式，但问题就是点卡的渠道推广难度非常大，成本极高。三是类似移动梦网的短信支付，在中国普遍使用的是这种模式，但在欧美市场推广难度很大，因为这些国家的短信资费很贵。所以在那个时代几乎每个国家都有一套自己的支付模式，而且都不完善，造成游戏公司需要自己想办法解决很多问题，手机游戏的发展面临很多障碍。

进入智能手机时代以后，整个移动产业链愈发完善，有了第三方的在线支付解决方案，并且信用卡在线支付能力普及，这才让手机游戏迎来了快速发展。也就是说，手机游戏的发展很大程度上是配套服务设施的进步促成的，并不完全是靠游戏行业本身的进步。这种情况在游戏发展史上其实一直存在，游戏行业的发展会明显受限于电子产业的整体发展进程，即便仅看国家也会发现，所有游戏大国都是电子产业的大国。在诺基亚时代，因为 3G 网络普及率不高，数字支付手段单一，在部分国家信用卡普及率很低，手机游戏发展所需要的配套服务设施不健全，所以尽管诺基亚确立了以应用商店为中心的游戏分发渠道，为日后智能手机时代手机游戏的商业规则铺平了道路，但其游戏事业还是不可避免地遭遇了失败。

2017 年以后，中国游戏开始强势出海，时至今日已经取得了相当惊人的成就。App Annie 联合谷歌、Appsflyer 发布的《2020 中国移动游戏出海驱动力报告》显示，截至 2020 年第二季度，中国发行商游戏海外下载量半年同比增长率为 19%，使用时长半年同比增长率为 61%，用户支出半年同比增长率为 37%。中国发行商在各市场 Top 250 移动游戏中的市场份额（按用户支出），在韩国、拉美、西欧、日本、北美市场均处于上升态势，占比在 17% ~ 28% 不等。在东南亚、俄罗斯、印度市场，市场份额分别高达 50%、31%、28%。

而网络游戏大国韩国却在一步步错失这个市场。

从 2016 年开始，韩国游戏在中国市场遭遇冲击，少了这个世界最大的市场以后，韩国游戏产业立刻受到了严重的影响。更重要的是，2018 年以后，中国的游戏公司也遇到了一些问题。结果，中国公司开始大规模出海，而第一站就是用户更为相近的韩国。也就是说，那时韩国游戏不但没有办法向中国出口，反而被中国大量出口。

2019 年，韩国游戏公司想要尝试继续输出游戏，但这两年市场发生了天翻地覆的变化，一是中国的客户端网络游戏市场已经没有了新游戏的空间，玩家明显开始转向手游；二是中国的手游公司过于强势，不要说韩国，任何国家的游戏公司都很难分得一杯羹。《2019 中国游戏产业年度报告》显示，中国游戏市场和海外市场出口收入整体增速再次提升，收入超过 3100 亿元，增幅达到 10.6%。其中中国移动游戏市场实际销售收入突破 1513.7 亿元，较 2018 年同比增长 13%，继续保持增长势头。

2017 年以后，中国的游戏公司已经开始通过资本统治海外市场，最典型的就是腾讯。根据 Digi-Capital 的报告，在 2017 年全年全世界游戏行业并购案例里，40% 的资金直接来自腾讯，75% 的并购和腾讯有关联。事实上，大部分机构的数据里，无论统计口径是融资、并购还是收购，无论是总额还是总数量，2017 年以后中国在全球游戏市场的占比都超过 50%。中国是全世界游戏业第一大资本市场这件事已经没有任何疑问。

图 6-7、图 6-8 和表 6-1 已经足够说明中国手机游戏的整体影响力，包括对全世界游戏市场门槛最高的美国、韩国和日本。在其他中小国家，中国游戏的渗透率更高。

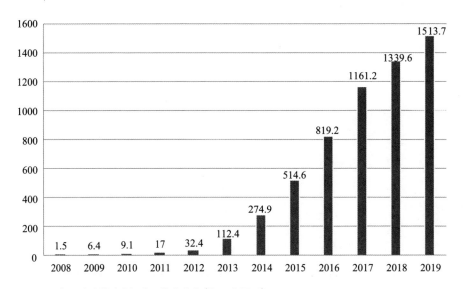

图 6-7 中国移动游戏市场实际销售收入（亿元人民币）
数据来源：伽马数据

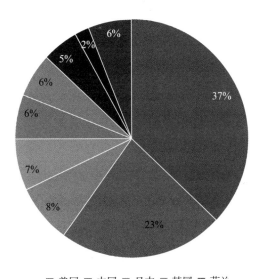

图 6-8　2019 年美国移动游戏市场营收 Top 100 游戏产地数量分布

数据来源：伽马数据

表 6-1　进入各国 Top 100 的中国手游数量

时　间	美　国	日　本	韩　国
2018 年第一季度	10	11	30
2018 年第二季度	12	13	30
2018 年第三季度	12	18	36
2018 年第四季度	13	16	33
2019 年第一季度	14	16	33
2019 年第二季度	17	18	36
2019 年第三季度	17	22	38

数据来源：移动游戏数据平台 App Annie

本章参考资料:

[1] 布伦特·施兰德,里克·特策利. 成为乔布斯 [M]. 陶亮,译. 北京:中信出版社,2016.

[2] 吴晓波. 激荡十年,水大鱼大 [M]. 北京:中信出版社,2017.

第7章

Steam 和 3A 游戏

Steam 的成功和挑战

软件行业诞生伊始，主要的分销方式是印刷在杂志上，消费者拿到杂志以后，要自己一行一行输入代码。从那时开始，软件行业的竞争就没有离开过分销渠道，在越成熟的市场里分销渠道的竞争也越激烈，而 Steam 就是这些年游戏行业分销渠道里重要的战场之一。

早在 2002 年，Valve 就开始谋划 Steam。当时 Valve 在运营《反恐精英》时遇到了网络连接的问题，玩家经常因为一些技术问题无法顺利联网，所以 Valve 希望建立一个能够自动更新、反盗版和反作弊的平台。Valve 先后接触了微软、雅虎和 RealNetworks，希望合作开发一个这样的平台，但所有公司都拒绝了他们，因为这些公司认为这个市场还十分遥远。最终，Valve 找到了 BitTorrent 的发明者布拉姆·科恩（Bram Cohen），由他负责开发了这个游戏平台，就是现在大家熟知的 Steam。

2003 年 9 月，Steam 第一个版本上线。2005 年，Steam 上有了第一款非 Valve 第一方游戏。到 2009 年，Steam 占据了 PC 游戏数字版分发市场超过 70% 的份额，但这个时候整体市场并不大，所以 Steam 也只是在游戏行业里获得了一些影响力，远谈不上影响整个行业。

在 Steam 的成长过程中，硬件和软件领域的一些变化也在悄然发生。随着笔记本电脑越来越轻薄，台式机需求越来越低，加之网速越来越快，计算机上的光驱也消失了。与此同时，PC 游戏的盗版问题越来越严重。在这种情况下，游戏厂商突然对正版数字游戏有了非常强烈的诉求，于是，作为世界上最大的数字游戏平台，Steam 自然也成了游戏厂商们的首选。此外，PC 游戏较低的开发门槛，让一批优秀的小团队不受大公司的制约，独立开发出自己的作品，实现自己的游戏梦想。对于这些团队来说，Steam 也是一个最好的平台，可以让全世界的玩家看到自己的作品。

正是在这样的良好形势下，Steam 迎来了爆发式的增长。2018 年，Steam

的月活跃用户达到 9000 万人，超过 PlayStation Network 的 8000 万人和 Xbox Live 的 5700 万人。到 2019 年底，Steam 的同时在线用户峰值突破 1500 万人；2020 年 4 月，Steam 的同时在线用户峰值突破 2400 万人。

Steam 火爆的背后是实体游戏的没落。在实体游戏称王的时代，美国电视游戏和娱乐软件零售业巨头 GameStop 是游戏行业非常有话语权的公司之一，为北美游戏发行市场贡献了巨大的产值，但如今已经淡出主流视野，甚至一度在破产边缘徘徊，部分店面也开始转型卖玩具。实体游戏的快速没落让分销渠道的竞争更加扑朔迷离。

数字游戏有很多传统实体游戏所不具备的优势，包括以下几点。第一，数字游戏的流通成本更低，PlayStation 的成功有个很重要的原因就是光盘比卡带的成本更低，而数字游戏比光盘的成本还要低。如果是传统实体 PC 游戏，那么一款售价 60 美元的游戏，其中 10～15 美元归零售商，5～10 美元归大渠道商，3～5 美元是物流和包装成本，剩下只有一半左右归游戏开发方。而数字游戏的流通成本几乎为零。

第二，数字游戏在宣发上对中小开发者更友好，对于传统光盘拷贝，只有实力强大的开发者才可以获得更多的渠道展示机会，小团队开发的游戏根本无力投放到各个游戏店里，哪怕玩家想买也买不到。

第三，数字游戏的回款周期更短，传统光盘游戏的回款周期长达 3～6 个月，这就导致游戏开发方必须面临长时间无法收到后续款项的问题，而数字游戏平台上的到账时间基本在一个月以内，甚至可以随时提现。

第四，数字游戏不存在二手游戏的销售，游戏公司可以赚更多钱。

第五，玩家保存数字游戏的成本更低，不需要保存大量的碟片，同时只要能登录账号就可以随时下载游戏来玩。

游戏产业整体数字化是必然的，近些年这个趋势也十分明显，第八世代的实体游戏销量在欧美已经跌破 50%，而未来一定会更低。2015 年，《巫师 3》上市时数字版销售占比为 29%，而到了 2019 年，数字版销售占比达到 82%。

早在 2013 年第一季度，EA 的数字游戏销售就超过了实体游戏；2015 年育碧数字游戏销售额超过了实体游戏，之后在 2016 年第一季度育碧的数字游戏销售占比达到 75.3%；2019 年第二季度，索尼 PlayStation 全平台的数字游戏销售占比达到 53%，第一次过半，而在 2013 年，PlayStation 平台上数字游戏的销售占比只有 5% 左右。可以说，Steam 赌对了数字游戏这条赛道，而且坚持了这么多年，成功也是理所当然的。

Steam 现今经常被褒奖的一个点是游戏的退款政策相对友好，但这个政策经历了很长时间才实现。2014 年，澳大利亚竞争和消费者委员会起诉 Valve，认为 Steam 的退款政策存在误导或欺诈消费者的地方。这场官司从 2014 年一直打到 2016 年，最终澳大利亚的法院认为数字游戏属于商品，所以必须受到澳大利亚消费者保护法的约束。

这是一个非常重要的转折点，之后很多西方媒体和政府依据澳大利亚法庭的判决，认为数字产品本身是一种商品。

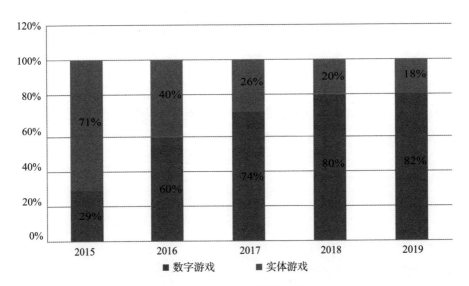

图 7-1 《巫师 3》上市以来历年数字游戏和实体游戏销售比例
数据来源：CD Projekt 2019 年财报

2015 年，一名消费者在法国起诉 Valve，认为 Valve 不能转卖游戏是不合理的。2019 年 9 月，这场旷日持久的官司终于落下帷幕，巴黎大审法院支持原告的主张，要求 Valve 删除用户协议中禁止转售的条例。在这个过程中，Valve 辩解说自己是一个订阅制平台，但法庭认为销售游戏的拷贝，事先确定了价格，用户一次性付费，这些都表明这是一次购买行为，而不是订阅行为。

法国法院的判决是没有问题的，因为在现代法律里有一个最基本的概念叫作权利穷竭原则，意思是当消费者购买了一件物品以后，权利人就失去了对这件物品的专用权，消费者可以处置这个产品，其中就包括二次销售。这个原则是多数国家关于知识产权和物权法律的基础，所以一般不会被突破。也就是说，数字游戏理论上是必须支持二次销售的。这场官司在法国之所以拖这么久，正是考虑到数字产品的特殊性，但法国法庭最终还是选择了坚持这个最基本的原则。

前文提到过，微软和索尼都尝试过彻底消灭二手游戏，但结果并不好。游戏公司和二手游戏的斗争从 20 世纪 80 年代就已经开始，不少游戏公司希望通过法律手段遏制二手游戏的销售，但几乎没有成功的，各国法律都在支持二手游戏的销售。最近几年游戏公司这么热衷于推广数字游戏，就是为了消灭二手游戏，但消除数字游戏二手销售这件事仍可能会因为法律而受到阻碍。

最近几年，Steam 开始有了竞争者。最早引起 Steam 注意的挑战者是 EA。2011 年，EA 在 Steam 上线的《龙腾世纪 2》未通过 Steam 渠道发布了 DLC，Steam 因此下架了《龙腾世纪 2》，之后 EA 全线撤出 Steam。同一年，EA 推出了 Origin 平台，但 EA 要求玩家必须安装 Origin 才能玩《战地》新作。EA 的捆绑行为遭到玩家口诛笔伐，但这些批评并不合理，因为 Steam 也是靠捆绑销售发展起来的，玩家批判 Origin 的同时褒奖 Steam 是不正确的。到 2019 年，EA 重回 Steam，上架了《Apex 英雄》，并且宣布 Origin 平台可以和 Steam 联机，显然 Steam 的流量是所有公司都难以放弃的。2013 年，Origin 上的游戏超过 500 款，用户数也达到 4000 万量级，距离 Steam 只有一千多万的差距，但是后来受市场影响，EA 没有继续在这个领域深耕。

《巫师》的开发公司 CD Projekt RED 也有自己的游戏分销平台 GOG，和 Steam 相比 GOG 最大的特点是主张 DRM Free，也就是没有反盗版机制，玩家下载游戏以后可以随意使用。这个政策赢得了玩家的好评，但是遭到相当多游戏公司的反对，从结果上来说绝对不算成功。GOG 在 2018 年的销售额约为 3450 万美元，这个数字对比前一年是有提升的，但刨去汇率损失、研发费用、平台运营成本及税款等开支后，GOG 在 2018 年的净利润只有 7800 美元。因为效益不佳，GOG 开始大量裁员。2020 年 2 月，GOG 平台更是采取了一个非常极端的政策，允许玩家在 30 天内退款，甚至是下载使用以后依然可以退款。加上前面的 DRM Free，玩家完全可以在购买游戏以后，将游戏拷贝到别的文件里，然后再退款删除文件，这样退款以后依然可以玩。显然这个政策的争议更大，不少游戏公司明确表示不会接受这个协议。当然对于 GOG 来说，这种行为更像是一种宣传手段，GOG 本身不赚钱不如用来换取玩家的口碑，公司真正意义上的收入还是来自原创游戏。与之类似，育碧也有自己的 Uplay 平台，同样主要以自己的游戏为主，并且育碧还在积极推进 Uplay 平台和 Steam 之间的合作。

Steam 在中国市场最大的竞争对手是腾讯的 WeGame。WeGame 出于一些原因，新游戏较少，所以在 2019 年大量吸收已经在国内上市的老牌网络游戏进入平台，比如《最终幻想 14》《三国杀》《剑侠情缘网络版叁》。如果 WeGame 能够顺利地引入其他类型的游戏，尤其是 3A 游戏，腾讯肯定不会在这些老网游上下那么大功夫。

除了这些传统游戏公司以外，还有一些互联网公司甚至创业公司也在推出自己的游戏平台。Discord 游戏商店诞生于 2018 年 8 月，是欧美非常受欢迎的聊天平台，主要针对游戏玩家，上线时就有 1.3 亿注册用户。起初

Discord 和 Steam 一样，采用 3∶7 分成比例，但很快就改成了只抽取 10%。Discord 的分成比例得到了大批独立游戏开发者的支持，而且 Discord 有得天独厚的优势，就是大批玩家已经安装了他们的聊天客户端，所以对于大部分人来说很容易上手，只不过现阶段 Discord 主要针对的还是独立游戏和中小型开发团队的游戏。Kartridge 来自欧美非常大的网页游戏门户 Kongregate，他们的销售手段更加照顾开发者，其中前 1 万美元销售平台不参与分成，全部归开发者，之后他们也只抽取 10%。这个政策极大程度地吸引了独立游戏开发者，并且 Kongregate 在欧美的粉丝也非常多。Interplay 和 InXile 的创始人布莱恩·法戈（Brian Fargo）也推出了一个平台 Robot Cache，这个平台的分成比例更是低到 5%，甚至允许玩家互相转卖游戏，还加入了区块链等数字货币概念。

除了竞争以外，这些游戏平台之间的关系其实也比想象中开放得多，比如 Origin 和 Uplay 一直有合作关系，用户可以在 Origin 上玩到育碧的《刺客信条》《全境封锁》《看门狗》等大作，但人们潜意识里一直认为 EA 和育碧是竞争关系。

在商店模式的外部竞争下，Valve 也明白这个市场并不稳定，所以开始重新开发游戏，新游戏就是 *Artifact*，这距离他们的上一款游戏 *DOTA 2* 已经过去了 7 年。媒体和玩家给这款游戏的失败找了很多借口，但其实失败的真正原因非常简单，就是不好玩。

2018 年，Epic 靠着《堡垒之夜》获得了超过 2 亿用户后开始推广自己的平台，并且在舆论上营造了和 Steam 正面竞争的态势。和 Steam 相比，Epic 有两点明显的差异：一是相比较 Steam 30% 的抽成比例，Epic 只抽取 12%；二是 Epic 通过保底等手段拿到了一些游戏的独家发售权或者限时独家发售权。很多人怀疑这 12% 的比例根本没有利润，CEO 蒂姆·斯威尼（Tim Sweeney）自己也说过："成本计算方式是这样的，手续费占 2.5%～3.5%，为 CDN 支付的费用占 1.5%（假设所有的游戏都需要《堡垒之夜》级别的更新频率），同时要拿出来 1% ~ 2% 支付运营和用户支持费用。大规模的平台固定开发和支持成本可以忽略不计。据我们分析，商店收取 30% 其实是所需要支付成本的 3 ~ 4 倍。即便收取 12%，Epic Games Store 仍是个盈利的生意。"

除了这 12% 的分账以外，还有一点容易被忽略，那就是 Epic 是一家与开发者关系非常好的公司。Epic 提供了非常强大的虚幻引擎，并且对个人开发者是开源和免费的，Epic 还有很多政策激励和帮助开发者们制作自己的游戏。如果使用虚幻引擎开发的游戏上线 Epic 商店，还不用缴纳虚幻引擎需要收取的 5% 的分成，也就是如果都是虚幻引擎开发的游戏，那么上 Epic 商店可以比上 Steam 多 23% 的收入。

显而易见，这是非常诱人的。

Epic 的第一发子弹是《地铁：离去》，这款游戏的前作有相当不错的口碑，有很多粉丝。这款续作一开始说的是要登陆 Steam，可在上市前夕，Epic 突然宣布要在自己的商城进行限时独占。这个新闻一下子"引爆"了所有 PC 游戏玩家，因为大部分 PC 游戏玩家根本没意识到还有限时独占这件事，更重要的是，《地铁：离去》的行为让玩家觉得自己被欺骗了。

很快，又有另一个意想不到的对手加入了战场。

2019 年初，育碧选择和 Epic 合作，宣布《全境封锁 2》同时上线自家的 Uplay 商店和 Epic 商店。一开始玩家都认为离开 Steam 后该游戏的销量会受到很大的影响，但《全境封锁 2》在计算机平台的销量达到了前一部的 6 倍。在主机市场，《全境封锁 2》和《只狼》等游戏正面竞争导致销量一般，也就是说，很大程度上是 PC 游戏市场挽救了这款游戏。育碧的另一款游戏《纪元 1800》也宣布在 Steam 预售结束后下架，只登陆 Epic 和 Uplay。这一系列行为招来玩家们的强烈反对，但独占的脚步不但没有停止，反而愈演愈烈，《天外世界》《底特律：变人》等游戏纷纷由 Epic 独占。

Epic 寄希望于各种营销手段来安抚玩家，挽回口碑，采取的措施包括赠送游戏、冬季促销、赠送代金券等，玩家在享受到众多福利后，也纷纷表示"真香"。最终，《地铁：离去》的销量达到前作的 2.5 倍以上，该游戏在 Epic 上的销量也是百万级别的。半年独占的《无主之地 3》在 Epic 上的销量超过 200 万套。

3A 大作在和 Epic 的合作中，大部分实现了预期的销售，整体情况相当不错，平台并没有想象中那么重要。

在 Epic 和苹果打官司的过程中，曝光的司法文件显示，Epic 曾经接触过索尼、微软和任天堂三家公司，希望获得主机游戏进入 Epic 平台的机会。其中支付给索尼的费用就高达 2 亿美元，而微软和任天堂并没有同意这次合作。

Steam 采用 30% 的分成比例事实上是对照了主机游戏的分成比例，几家主机游戏平台采用的最高分成比例基本是这个数字，但 Steam 这些年因为这个分成比例饱受争议，大部分游戏公司认为这个比例实在太高了，主要原因有四点。

一是对于主机游戏来说，30% 只是大部分情况下的最高比例，而不是惯用比例。如果是非常优秀的游戏和独占游戏的话，都是单独谈的比例，甚至一般一线制作的大作分成比例可以低到 15%，甚至更低。也就是说，Steam 采用的 30% 放在主机市场里是理论上最高的数字而已，并非常规。

二是传统主机游戏有技术壁垒，开发者不交钱是不能在主机上发行游戏的，同时传统主机的盈利模式就是低价销售主机，然后靠游戏分成赚钱，平台和游戏公司的合作关系是合理而相对稳定的。经历了几十年的发展，平台和游戏开发商也形成了默认的契约关系，平台低价销售主机进行推广，为了补贴这部分亏损，需要从游戏的销售中抽成。Xbox 商业发展副总裁洛里·赖特（Lori Wright）在 Epic 和苹果的官司中作为证人出席，其明确表示："我们从没在这上面赚到过钱，我们将主机销售作为亏损处理。"所以主机游戏有抽成是一种默认的契约关系。但 PC 游戏没有这个门槛，Steam 通过平台垄断和游戏公司建立起来的关系是相对脆弱的，索要 30% 的分成比例就显得有些贪婪。

三是在传统主机游戏中，平台并不是拿钱走人，还会提供物料制作、参展和宣传服务，甚至会给小公司提供技术支持。到 2018 年，哪怕对第三方游戏公司不怎么友好的任天堂都会给每个上线的游戏制作宣传片和宣传海报，还会在自己的渠道给每一款游戏做推荐，而这些服务 Steam 是完全没有的，Steam 收取的是纯粹的"过路费"。至于 Steam 给到的那些资源，比如聊天功能等，大部分开发者并不在乎。

四是传统主机游戏公司会对头部游戏给予一定的保障，最典型的就是包销最低销量，甚至是在游戏开发期间就预支这笔钱算作对游戏的投资，绝大多数主机平台的独占游戏和首发游戏有这些保障，而 Steam 从来没有这么优待过任何一款第三方游戏，Epic 之所以能够拿到那些独占也是因为愿意向开发公司预先支付钱，保障他们的利益。

基于这些原因，早在 2014 年游戏行业就开始声讨 Steam 平台，Epic 就是在这个背景下诞生的，而 Epic 制定的 12% 的分成比例对游戏公司的诱惑力极大，多出来的那部分分成对于游戏公司来说是一笔相当丰厚的收入。

相较于 Steam 和 Epic 这样的 PC 游戏平台，以安卓和苹果为代表的移动游戏平台有着非常明显的流量差别。手机游戏几乎是纯粹资源流量导向性的游戏模式，游戏品质相对不重要，一款游戏的成败，90% 的因素在于能不能以更低的成本来获取流量，而 PC 游戏是靠游戏本身的质量来吸引玩家的，流量不那么重要，只要游戏做得好，玩家在计算机上更换一个软件平台的成本非常低。

但进入到 2020 年，哪怕移动平台有着独特的流量导向特性，也出现了一批公司开始和平台方正面对抗。首先开战的还是 Epic，Epic 在《堡垒之夜》的移动版上加入了内购系统，使用的并不是苹果和谷歌提供的支付接口，而是自己的支付系统，这种行为惹恼了苹果和谷歌。两家公司先后按照开发者协议分别在 App Store 和 Play Store 下架了 Epic 的应用，之后 Epic 向美国加州地区法院提起诉讼，控告苹果和谷歌的垄断行为与 30% 的高额抽成。之后苹果又联系 Epic，声称要终止 Epic 所有开发人员的苹果账户，如果真的终止了，那么就会影响使用虚幻引擎的游戏进入苹果商店。很快，微软又参与了战局，Xbox 主管菲尔·斯宾塞（Phil Spencer）表示，微软已经向地方法院提交了一份声明：苹果如果取消 Epic 的开发者账户，将对微软和整个游戏行业造成危害。并且，开发游戏通常是一个持续多年的过程，许多正在使用虚幻引擎在 iOS 上开发游戏的工作室可能会因此受到牵连。微软的这份声明多少有些故意参战的味道，因为几乎同时间苹果禁止了微软的云游戏登陆 iOS 平台，微软的发言人公开谴责苹果在游戏市场上的垄断。而之后关于 Epic 和苹果的官司的司法文件也显示，Epic 和微软两家公司曾经进行过深入的交流，并且微软的主机游戏免费联网功能就是在 Epic 的建议下推进的。

在 Epic 和苹果的拉锯战中还发生了很多让人啼笑皆非的事情，比如苹果为了证明 Epic 里会有内容问题，拿另外一个独立游戏领域的重要分发平台举例，说上面有内容问题。这一行为在独立游戏领域引起了轩然大波，大家开始一窝蜂地抨击苹果。

在几乎同时期的中国市场，也出现了类似的情况。手机游戏市场的两款顶级大作《原神》和《万国觉醒》，几乎同时宣布将不会登陆华为和小米商店。这背后的原因是国内大部分安卓商店的抽成是 50%，远高于苹果和谷歌的 30%。① 这两款头部游戏希望和应用商店达成降低分成比例的共识，但谈判失败了，便选择强硬对抗。事实上在 2020 年，已经有相当多手机游戏放弃将传统的应用商店作为发行渠道，改为从自己官网下载安装包或者选择不

---

① 一些玩家依据这个分成比例就认为苹果和谷歌的 30% 是相对友好的，但这么判断是有问题的。因为中国的安卓商店生态非常特殊，这些商店和游戏方的合作被称为"渠道服"，是一种联运机制。中国的安卓商店不只是承担应用商店功能，还要投入运营成本和为游戏导流，所以虽然 50% 很高，但也并不是什么都不做就拿钱。

抽成的 TapTap 平台[①]。

不出意外，这种游戏公司对抗平台的事件会越来越频繁。

游戏开发者大会（GDC）在 2019 年针对自己的参会人员做过一次关于是否支持 Steam 30% 分成比例的问卷调查，只有 23% 的人选择支持。大部分开发者社区做过问题几乎一样的问卷，绝大多数的问卷支持率低于 20%，原因几乎一样，自己的游戏都不一定能有 30% 的利润，还要被平台抽走这么多。只有在日本，有不少人认为这个分成比例还可以接受，原因有两个：一是日本公司本来对计算机平台发行就不太重视，二是日本公司对"大家长"制度已经习惯了。

相比较 Steam，大部分开发者认可 Epic 的模式，核心原因有两点：一是计算机上换个下载平台的成本很低；二是需要有人帮 Steam 矫正那个不科学的分配比例。但有意思的是，在玩家社群里，很多人对 Epic 持强烈的反感态度。

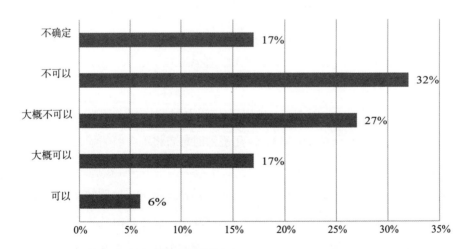

图 7-2　玩家对 Steam 30% 的分成比例的态度
数据来源：游戏开发者大会（GDC）在 2019 年针对自己参会人员的调查问卷

---

① 游戏推荐平台，只收录官方包（部分游戏因官方地区发行代理限制，会限制下载地区），不与开发者分成，收入全部给到开发者，也是国内率先支持付费购买正版安卓游戏的第三方平台。

Steam 的创始人加布·纽维尔（Gabe Newell）在接受 *EDGE* 杂志采访时提到过对于竞争的看法："游戏商店之间的竞争对每个人来说都好极了。它让我们保持坦诚，让所有人都保持坦诚。短期看来会是难看的。你会觉得，啊，他们又在大喊大叫，他们让我们难堪了。我们更害怕的不是竞争，而是有人试图阻止竞争。如果你问我哪一个更可怕，那就是人们爱上苹果那种控制一切的模式，有不露脸的官僚阻止你的产品进入市场，就因为他们不想让它进，或者以一种贬低产品价值的方式去设计商店。"显然纽维尔非常清楚 Steam 遇到的问题和面临的挑战。Steam 在 2018 年底调整了分成比例，如果一款游戏的销售额达到 1000 万美元，那么在超出 1000 万美元的收入中，Valve 的分成将降低至 25%；当销售额超过 5000 万美元时，超出部分 Valve 的分成将进一步降低为 20%。调整以后对大公司更加友好。

游戏公司和平台的对抗效果也在蔓延。2020 年 11 月，苹果宣布从 2021 年开始，针对每年营收 100 万美元以下的小型企业，将 App Store 佣金降至 15%。没多久，腾讯就对外宣布，其 WeGame 平台将不再对 1000 万人民币流水以内的游戏抽成。之后谷歌宣布，从 2021 年 7 月开始，每年的前 100 万美元服务费费率将从 30% 降至 15%，和苹果政策相同。

随着 Steam 上的大作越来越多，独立开发者的曝光机会越来越少。一位名为迈克·罗斯（Mike Rose）的游戏开发者做了一份题为《2019 年 PC 游戏销量如何？》的报告，分析的主要对象就是 Steam 上的独立游戏。结果显示，和 2018 年相比，Steam 上的独立游戏的销量平均下降了 70%，收益下降了 47%。独立游戏的开发门槛也越来越高，比如《冰气时代》（*Frostpunk*）的投资超过千万美元，腾讯 NExT 工作室的多款游戏的投资也达到数千万元人民币。从严格意义上来说，这些游戏根本算不上独立游戏，但它们已经和那些真正意义上的独立游戏处于同一条赛道了，这条赛道就是 Steam。

3A 游戏市场

2018 年 ~ 2020 年，Epic 上出现了大量平台独占的顶级制作游戏。这表明游戏公司非常认同 Epic 的经营模式，而这个认同背后其实和 3A 游戏有颇深的渊源。

Steam 和 Epic 的矛盾背后并不是两家公司的矛盾，甚至不是那 12% 和 30% 的矛盾，而是整个游戏产业正在面临一次地震级的变革。

要讲清楚这次变革背后的导火索，需要从很早以前讲起。

从雅达利冲击之后到进入 PlayStation 2 时代之前，游戏行业的核心话语权多掌握在日本公司手里。在 PlayStation 2 末期，欧美游戏公司突然意识到自己的优势，一是技术实力更强，随着稳定的商业游戏引擎出现，以及游戏开发框架趋于稳定，欧美的技术优势愈加扩大；二是资本运作实力更强，比日本公司更容易募集资金，这是 3A 游戏诞生的基础——靠"砸钱"做出更好的画面吸引玩家。

这是多数欧美游戏公司给人留下的印象。从结果来说，3A 游戏像是欧美游戏公司针对日本公司的一场阳谋。并且，欧美游戏公司成功了。

在第七世代以前，日本游戏厂商在主机游戏领域有着极高的话语权，但随着第七世代游戏画质越来越好，日系厂商的游戏数量尤其是大作数量出现断崖式下跌。

进入 21 世纪以后，日本宏观经济的问题让日本游戏行业遇到了两个问题：一是老龄化导致游戏玩家骤减；二是整体经济一直相对萧条，导致在新一轮竞争中，日本公司跟不上美国公司的步伐。结果是从 2008 年到 2018 年，大部分玩家可以感受到，日系厂商的好游戏越来越少。

我们通过投资来对比一下日本游戏公司和欧美游戏公司的差距有多大。《最终幻想 7》的开发成本为 4500 万美元，但是投入了 1 亿美元的推广成本；《莎木》两部的总投资为 70 亿日元，大约合 7000 万美元，这时还是日本游戏的巅峰期。进入 Xbox 360 和 PlayStation 3 的第七世代，游戏开发成本激增，一开始 2006 年《最终幻想 12》的开发成本只有 4800 万美元，之后在美国公司的竞争下，投资就如同脱缰的野马一路暴涨。2008 年《侠盗猎车手 4》的开发成本为 1.1 亿美元，同一年《无间战神》的开发成本为 1 亿美元；2009 年《APB：全面通缉》的开发成本为 1.09 亿美元，同一年《使命召唤：现代战争 2》的开发成本为 2.5 亿美元，其中开发成本只有 5000 万美元，但推广成本接近 2 亿美元；2010 年《荒野大镖客：救赎》的开发成本为 1.09 亿美元；2011 年《星球大战：旧共和国》的开发成本为 2.11 亿美元；2013 年 R 星公司的某著名系列的第 5 部作品，其开发成本为 2.65 亿美元；2014 年的《命运 1》和 2017 年的《命运 2》加起来花了接近 10 亿美元；而 2019 年的《荒野大镖客：救赎 2》的开发成本达到了匪夷所思的 8 亿美元。

图 7-3 《荒野大镖客：救赎 2》的出色画面

2009 年，《洛克人》的制作人稻船敬二公开表示日本游戏产业已死。2018 年，《如龙》的制作人佐藤大辅表示："我觉得现如今日本游戏的状态，有点儿类似于日本电影。日本电影曾经享誉全球，在全球影迷的心目中就是优质电影的代名词。如今高成本的好莱坞大片日益增多，日本电影业的投入根本无法与之抗衡，好莱坞大片取代了日本电影，日本电影的市场只能转向日本国内。"很多日本游戏从业者纷纷感叹，日本游戏开始走向没落了。

但日本人显然有些过于消极了，因为以欧美市场为主的 3A 游戏首先出现了问题。在这个过程中，日本公司把握了机遇，这背后的原因很简单，游戏是用来玩的，不是用来看的。

2017 年，任天堂的《塞尔达传说：旷野之息》上市，几乎得到了所有媒体的满分评价，包揽了全世界很多游戏奖项，包括 TGA 年度游戏奖、最佳游戏设计奖和最佳动作冒险游戏奖，GameSpot 年度最佳游戏，EDGE 年度最佳游戏，GDC 最佳游戏音效奖、最佳游戏设计奖和年度游戏奖，SXSW 最佳游戏性奖、最佳游戏设计奖和年度最佳游戏奖。截至 2021 年 10 月，《塞尔达传说：旷野之息》的总销量达 2320 万套，成为史上销量非常高的 RPG 之一。

同一年，任天堂的《超级马力欧：奥德赛》上市，与《塞尔达传说：旷野之息》一样，几乎所有媒体给了满分评价，甚至部分媒体评价这是游戏史上的最佳动作游戏。截至 2021 年 10 月，该游戏的销量达 2140 万份，是销量最高的 3D 马力欧游戏。

复苏的不只是任天堂。2016 年上市的《最终幻想 15》虽然口碑相对一般，但销量突破了 890 万，成为历代第四。更让欧美公司没想到的是，这款 Square Enix 自研引擎开发的游戏画质已经不逊色于欧美一线大作。同年上市的《女神异闻录 5》虽然是日系风格浓厚的游戏，但销量也有 320 万份，尤其在欧洲市场的销量出乎意料地高。更重要的是，这款游戏因为特殊的用户界面设计，甚至在一定程度上引领了日后几年全世界游戏交互的趋势。

2018 年，Metacritic 对全球游戏厂商排名，卡普空夺冠，这让媒体人，甚至多数欧美游戏人都没想到。这得益于当年上市的《怪物猎人：世界》取得了意想不到的好口碑，销量更是超过惊人的 1500 万套。紧接着 2019 年初，卡普空的《生化危机2：重制版》和《鬼泣5》横扫全世界游戏榜单。《生化危机2：重制版》的销量达到500万套，超过原作，IGN评分9分，入选IGN史上最佳100款游戏;《鬼泣5》的销量达到310万，IGN评分达到9.5分，是全年得分最高的游戏之一。

图7-4 《女神异闻录5》的特殊美术风格和界面设计

更让人没想到的是，本来相对冷门的宫崎英高的"魂系列"游戏取得了极其出色的成绩，《黑暗之魂》三部曲总销量超过2000万套，《只狼：影逝二度》销量超过380万套，《血源诅咒》销量超过400万套，在全世界掀起了一阵"魂热"。其中《只狼：影逝二度》获得TGA2019最佳年度游戏奖，在欧美收获了大批粉丝，宫崎英高被全世界的游戏开发者推上了神坛。

从2016年到2020年，日系游戏无论在口碑、销量还是奖项上，都开始重新碾压美系游戏。《Fami通》评选的PlayStation 4平台上最值得玩的游戏，前十名中有六款来自日本，而美国游戏只有一款《漫威蜘蛛侠》，剩下的都来自欧洲。

而此时的欧美市场本身正在遭遇严重的问题。随着 3A 游戏的概念被愈发重视，在过去十几年的时间里，欧美公司一直在进行游戏行业的"军备竞赛"，但在最近的几年里，尤其是 2016 年以后，游戏市场又出现了非常典型的"去美国化"运动。除了越来越多的日本游戏回到主流市场外，一些非传统游戏国家，尤其是东欧和北欧国家的游戏公司开始进入我们的视野，而那些我们耳熟能详的美国公司也开始在其他国家设立工作室。出现这种情况的原因是一批美国游戏公司在"军备竞赛"中发现自己已经无力支撑高投入，与此同时，美国游戏行业从业者的平均人力成本很高，远远高过其他国家，这又导致游戏产业被迫外流。不出意外，这个趋势在未来的很多年里还会越来越明显，除了大公司还能支撑的头部游戏以外，大多数美国游戏公司很可能会选择削减开支，或者干脆把游戏外包到海外制作。

不只是美国公司，一时间仿佛所有游戏公司都意识到 3A 游戏是个噱头，甚至是个牢笼。2020 年底，万众瞩目的《赛博朋克 2077》上市，这款游戏从立项那一天开始就受到世界各地玩家的期待。在经历了数次"跳票"后，游戏才赶在 2020 年圣诞档期前上市，上市首日超过 800 万的销量就已经收回成本。可是很快，差评铺天盖地袭来。差评主要集中在这款游戏的 Bug 过多这一点上，该游戏在主机平台上的表现，甚至很难让人将其称为完成品。到了 2022 年，《赛博朋克 2077》也只是勉强修复完外在的 Bug，而早期承诺的大量游戏内容依然没能见到。而在《赛博朋克 2077》上市前不久，育碧的大作《刺客信条：英灵殿》上市。虽然玩家们早就知道育碧的游戏经常有小 Bug，但是《刺客信条：英灵殿》里的 Bug 数量远远超出了预期，也不像是一款完成开发的游戏。

无论《赛博朋克 2077》还是《刺客信条：英灵殿》，面对的问题其实是一样的，就是软件工程膨胀带来的项目沉没成本激增，这甚至会变为一种不可控的状态。在 20 世纪，一款游戏为后期预留的 Bug 处理时间是十分短的，并不是因为当时的技术好，而是项目复杂度低，不需要投入过多的精力处理

Bug。在软件开发行业有一个比喻,当一款软件的代码行数翻一倍,那么出现 Bug 的概率可能会呈指数级增长,所以软件工程越复杂,在收尾阶段需要解决的问题就会越多。到了 2020 年,部分主机游戏在收尾阶段所花费的时间已经接近了游戏实际开发所用的时间,甚至游戏开发最后 20% 所花费的时间比前面 80% 还要多。

对于绝大多数游戏来说,开发完成度达到 90% 就已经十分接近成品,游戏的主线剧情和大部分核心机制已经完成开发。公司管理层一定希望游戏尽快上市,但是游戏的后期开发很容易陷入不可控的情况,连技术团队都说不清楚到底什么时候可以解决全部肉眼可见的问题。在这种情况下,从商业利益的角度,管理层很容易做出先让游戏上市的决策,尤其是当下联网游戏的内容越来越普遍,更新方便,玩家对于小问题也基本可以接受。只是,一定也会出现《赛博朋克 2077》这种过早让游戏上市的情况。并且随着 3A 游戏项目的规模不断扩大,这种情况出现的频率也一定会越来越高。

归根到底,3A 游戏导致游戏市场投资规模越来越大,游戏公司越来越难赚钱,风险越来越大。到 2018 年,3A 游戏的投资门槛达到 5000 万美元以上,导致市面上的商业游戏越来越少,中等体量的游戏基本被砍掉用来支持大规模投资的 3A 游戏。现在,玩家能玩到的主机游戏和 PC 游戏只有投资巨大无比的 3A 游戏和大量风险更小的小投资游戏。因为投资规模越来越大,在这种不理性的"军备竞赛"下,3A 游戏的数量也越来越少,每年稳定在十几款,大部分收益情况其实并不好,多数游戏的年化收益基本在 20% 以下,和买对冲基金差不多,而且风险可能还更高。在这种情况下,又出现了两个不好的结果。

一是因为 3A 游戏不再是暴利产品,游戏公司会非常在意很多蝇头小利,比如那 18% 的收入差距和 Epic 平台能够提供的保底收入。

二是游戏市场开始倾向于卖方市场,玩家每年可以选择的顶级制作游戏并不多,也就是说,如果游戏更换平台的话,核心玩家不得不跟着一起换。

因为现在游戏公司的整体状况不理想，所以这个情况可能会在未来愈发严重，玩家可以选择的余地会越来越小。

这就是 Steam 所面临的最大问题。

育碧副总裁克里斯·厄尔利（Chris Early）就说过这么一句话："Steam 目前的商业模式和架构已经不切实际，就游戏分销而言，他们不再能代表和反映当今全世界的状况。"也就是说，Steam 理想中的商业模式已经脱离这个市场了，现在游戏公司对于利润过于敏感，并且市场上的大作越来越少。

Epic 并不是一家多好的公司，Steam 也不是一家完美的公司，但 Epic 的存在至少帮助 Steam 矫正了盈利模式的问题。大部分公司选择 Epic 并不是因为认同 Epic，而是更加反感 Steam。也就是说，Epic 只是在这个时间点上碰巧出现的挑战者，如果没有 Epic 而是出现了其他公司做游戏平台，可能也会像 Epic 一样向 Steam 发起挑战。所以 Steam 如果依然没有意识到这些问题，那么颠覆 Steam 的哪怕不是 Epic，也一定会是其他平台。从另一个角度来说，Epic 并不一定会成功，但 Steam 无论如何都不能坚持原有的商业模式。

Epic 的高强度补贴持续一年后，人们怀疑 Epic 还可以坚持多久。在 Epic 和苹果的官司中，一份文件显示，2019 年和 2020 年，Epic 游戏商城分别亏损了 1.81 亿美元和 2.73 亿美元。虽然亏损数字很大，但是 Epic 毕竟是一家拥有虚幻引擎和热门游戏《堡垒之夜》的公司，维持运作不成问题，并且补贴也并不是无效的。

也是在 Epic 和苹果的官司中，一些流出的证据也能证明 Epic 的补贴是切实有效的。在赠送的免费游戏里，Epic 为"蝙蝠侠阿卡姆"系列支付了 150 万美元，给商店引流了 613 912 名新用户；为《深海迷航》支付了 140 万美元，带来了 804 052 名新用户。至于《荣耀战魂》，只有 6.3 万美元，带来了 118 257 名新用户。同时这场官司还曝光了 Epic 平台上几次促销活动的收益。

- 春季促销（2020 年 3 月）：990 万美元
- 游戏之爱促销（2020 年 2 月）：570 万美元
- 假日促销（2019 年 12 月）：2180 万美元
- 黑五促销（2019 年 11 月）：800 万美元
- Mega 促销（2019 年 5 月）：1500 万美元

显然，Epic 的用户也并不是只想吃免费的午餐，而是实实在在花钱买了游戏。

但显而易见的是，单纯靠数字游戏也很难在真正意义上解决 3A 游戏面临的问题。这个市场需要新的盈利模式。

2020 年，Epic 的一个行为震惊了全世界的游戏行业，Epic 甚至被一些游戏开发者称为游戏行业的"救世主"。Epic 宣布与上田文人工作室 gen DESIGN、《控制》开发商 Remedy、*Inside* 开发商 PlayDead 达成新作发行协议，三家工作室的新作将由 Epic 负责发行。与此同时，Epic 还附赠了三条优惠政策：

第一，开发者拥有 100% 的知识产权，可以随意创作；

第二，Epic 提供全部的开发资金；

第三，开发者可以获得 50% 的利润。

任何一条都是足以颠覆整个游戏产业的。以往，如果开发团队希望发行公司负担全部开发资金，那么就完全拿不到版权，甚至没有开发的话语权，基本就是一家纯粹的外包公司，发行公司让做什么就做什么。而且开发团队大多数情况下是一锤子买卖，会有分成但是比例并不高。在过去几十年的时间里，大家默认了这种模式。Epic 站出来反对，事实上可以看出 Epic 完全理解了市场是朝着卖方市场前进的，好游戏越来越少，玩家的选择余地也会越来越少，所以优秀的开发资源才是最重要的。

游戏公司的自救方法

提高收入几乎是所有游戏公司的共识。

首先想到的肯定是提价，毕竟 59.99 美元一款 3A 游戏的价格固定了太久。2005 年 Xbox 360 和 PlayStation 3 上市后，整个游戏市场的主流游戏都以这个价格作为定价，并且一用就是 15 年。这个价格远低于 20 世纪的游戏价格，比如 1992 年的《街头霸王 2》要 123 美元，1993 年的《真人快打》要 120 美元。虽然游戏价格下降有一部分原因是流通成本下降，但游戏开发成本大幅度上涨，甚至硬件成本也在上涨，蓝光碟的成本要明显高于 CD 碟，比如索尼的 50G 蓝光碟加烧录和包装成本，一张在 5 美元上下，CD 碟片只有在上市初期达到过这个价格，而且蓝光碟片的成本基本已经压缩到极限了，很难再降低。

在这十几年的时间里，没有公司敢站出来说自己的产品就是要带领行业提价，极少数尝试提价的公司取得的效果都不好。只有日本公司是这个市场的一股清流，像光荣的《三国志 11》，在日本卖 9155 日元，换算下来是 90 美元，相对而言贵了不少，但其实光荣从来没降价过，所以玩家反应也不大。多数公司采取的策略是发行典藏版提高平均价格，但对于销量动辄百万级的游戏来说，影响也微乎其微。一直到 2020 年，3A 游戏的价格才出现久违的变动，第九世代游戏主机的默认价格整体变为 69.99 美元，锚定价格提升了 10 美元，但对应的是更高的素材质量、更丰富的游戏内容、更多的新技术和成本的又一次激增。

有公司想到了其他办法来增加收入，比如在游戏内植入广告，《合金装备 4：爱国者之枪》里有 iPod 的广告，足球和篮球类的游戏也有场边广告，但这些对于一款 3A 游戏来说，只是杯水车薪，依然解决不了根本问题。

部分游戏公司尝试在其他方面做突破，比如暴雪"死磕"电竞游戏，从《炉石传说》到《守望先锋》都是电竞尝试，但结果并不算成功，到现在还没有任何一款游戏可以靠电竞收入来收回游戏的开发和运营成本，电竞只能算是锦上添花。

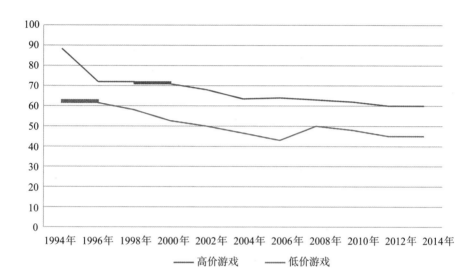

图 7-5　光盘游戏销售价格历史走势（美元）
数据来源：科技媒体 Ars Technica

此外，相对成功的尝试是 DLC。DLC 简写自英文 Downloadable Content，直译为"可下载内容"，一般指的是游戏发售后追加推出的资料片或者扩展包，比如新的任务、新的游戏章节、新的游戏服装或者新的角色，这些多数为付费内容。2002 年微软推出的 Xbox Live 是 DLC 普及的代表。Xbox 上诞生了第一款有付费 DLC 的主机游戏《机甲先锋》，2003 年 7 月 17 日，该游戏中的第一个 DLC 为一个新地图，价格为 4.99 美元。之后包括《光环》《细胞分裂》和《忍者龙剑传》在内，大量游戏开始尝试通过网络服务扩充原本的游戏内容，但这些内容大部分免费，只是为了刺激光盘消费和吸引用户使用 Xbox Live。

2005 年，微软推出 Xbox Live Marketplace；2006 年，索尼推出 PlayStation Network。方便的网络环境和支付方式让付费 DLC 的概念正式被广大消费者所接受，并且成为游戏开发商重要的盈利工具之一。但 DLC 的普及也受到很多指责，不少玩家认为这种本质上把游戏拆开卖的做法破坏了游戏产品本身的艺术性。更重要的是，DLC 也是一种有天花板的付费模式，还是不能解决根本问题。

于是又有公司尝试内付费，就是前文提到过的"开箱子"，但这种做法在带来利润的同时又会导致游戏口碑下滑。有迹象表明，欧美玩家在逐渐接受这种模式，最典型的例子是 2020 年任天堂的游戏《集合啦！动物森友会》，游戏刚上市国内的淘宝上就出现了很多道具商人，玩家可以在淘宝上购买游戏内的"铃钱"、家具，甚至还可以"买卖游戏中的虚拟角色"。这种情况在海外市场同样存在，ebay 上有大量类似的内容，而且成交量不比淘宝低，也就是说，欧美玩家可以接受一定程度的内付费，只不过需要以一种合理的形式出现。

从从业者的角度来看，有相当多的人是希望做内付费的。《尼尔：机械纪元》的总监横尾太郎就表示过："你可能注意到了，现在有很多人对'道具氪金'[①]的手机游戏满怀嘲讽。但是我认为这是错误的，我觉得这很好笑，他们嘲笑'氪金'，就和我们小时候，成年人嘲笑 Super NES 一样。这不是一样的道理吗？"当然他也表示："我相信游戏行业仍然有无限的可能性。我并不是说它们都将成为'氪金'游戏，但每个产业都有许多不同的发展道路可供选择，而新兴的游戏产业领域也同样需要发展。"

在游戏公司提升利润的探索中，有一种新的模式出现了，就是订阅制。

严格意义上来说，订阅制是一种非常传统的付费制度，纸媒时代的报纸和杂志多数依赖订阅制。进入互联网时代，也有不少公司尝试过，并且取得了相当不错的效果。早在 2005 年，亚马逊就推出了 Prime 会员制度，提供的是专属产品折扣、免费流媒体、免费电子书、免费游戏，以及无限云储存服务，代价是每年 99 美元的年费。截至 2020 年 5 月，Prime 会员数量达到

---

① 指充值购买游戏中的道具。"氪金"指为游戏而付费充值的行为。——编者注

1.18 亿，每年为亚马逊创造超过 100 亿美元的会员费收入。另一家因使用订阅制出名的公司是 Netflix，其 2020 年第一季度财报显示，会员数量已经达到 1.8286 亿，较上年同期的 1.4886 亿增长 22.8%，净增长 1577 万人。

订阅制可以在这些领域里取得成功，那么在游戏行业应该也可以大展拳脚才对，但事实并不遂人愿。一般玩家接触相对较多的是苹果提供的 Apple Arcade 服务，玩家缴纳月费以后可以玩苹果筛选过的一些游戏，这些游戏苹果都提供了一定程度的保底买断。Apple Arcade 本质上是苹果对重度付费游戏的一种反抗措施，通过对游戏进行筛选，为玩家推荐一些好玩的轻量级游戏。Google 也有类似的服务，即 Google Play Pass。两个平台的价格同为一个月 4.99 美元，甚至筛选的游戏内容都有些相似。苹果在一开始对外宣称投入了 5 亿美元作为销售保底补贴游戏开发者，上线半年以后，Apple Arcade 的游戏总数就已经超过 100 款。看似一片欣欣向荣，但从 2019 年 11 月开始，苹果明显降低了 Apple Arcade 的更新频率，基本上每周只有一款新游戏，甚至有时候还没有。

显然，这个模式遇到了巨大的阻碍。

手游上的订阅模式想要维持运作非常困难，一是因为手游数量实在太多，玩家选择余地大，平台不可能购买过多游戏；二是手游的爆款突发性太强，很难预测，而主机游戏的爆款甚至在游戏开发一开始就能预测到，只要钱到位、团队靠谱，游戏的下限总不至于太低。苹果如果想要长期运作这个模式，一定要投入重金补贴大制作游戏，保证玩家对里面的游戏的第一观感远远好过其他游戏。

所以订阅制只适合高门槛的产品——开发高门槛和消费高门槛。相对而言，微软在订阅制上的尝试就显得格外成功。微软有两套会员制体系，分别是 Xbox Live 金会员和 Xbox Game Pass。

Xbox Live 金会员最早设计的主要目的是对联机游戏的玩家收费，玩家必须办理 Xbox Live 的金会员才可以在 Xbox 平台上玩联网游戏。之后，微软也开始赠送游戏,在 Xbox One 时代,用户每月可获得 4 款免费游戏、两款 Xbox One 游戏、两款可向下兼容的 Xbox 360 或初代 Xbox 游戏。其中向下的兼容游戏为永久获得,Xbox One 游戏只有在保留金会员的情况下才可以玩。除此以外,金会员在活动期间购买游戏还会有折扣。

Xbox Game Pass 是更加纯粹的订阅制游戏方式,玩家购买以后可以一次性获得数百款游戏,其中包括所有微软第一方游戏和大量 3A 游戏大作。

微软甚至有一个终极版的会员业务,包括了 PC 和 Xbox 平台的 Xbox Game Pass 和 Xbox Live 金会员,月费为 15 美元,对于核心游戏玩家来说,这个会员的性价比极高。

《战争机器:战术小队》的制作方在游戏发布时表达过一个观点,Xbox Game Pass 这类订阅模式主要为中小型创新游戏提供了生存土壤,相比较大型游戏而言,中小型游戏抗风险能力差,这种来自微软的买断制能够让游戏公司避免很多风险。但大公司的游戏项目同样如此,甚至越大的项目越需要人来分担这个风险。尤其是在现在的市场上,游戏的整体投资越来越大,大部分公司在立项的时候考虑的不是能赚多少,而是怎么样才能不亏损。订阅制的买断保底显而易见是最好的一种方案。

2019 年,Xbox Game Pass 全平台会员数已超过 1000 万,Xbox Live 月活跃用户数约为 9000 万,同比提高了 42%,游戏业务所在的个人计算板块整体收入同比去年增长了 3%,达到 110 亿美元;运营收入约为 36.3 亿美元,同比去年提高了 15% 左右。到 2020 年 9 月,微软公布自己的 Xbox Game Pass 用户超过了 1500 万,半年时间增长 500 万。从商业角度来说,微软已经算是成功,同时 Xbox Game Pass 在玩家中的口碑相当好,甚至还有玩家调侃道:"买了 Xbox Game Pass 以后就不敢买其他游戏了,因为不知道什么时候 Xbox Game Pass 就会加入了。"这显然是对 Xbox Game Pass 最大的肯定。同时订阅制不算产品销售,可以完全规避二手游戏的问题,对游戏公司的吸引力更大。

除微软以外，也有不少公司意识到这个模式的优点，并纷纷推出自己的订阅服务。比如 EA 就有 EA Access 服务，月费 5 美元，年费 30 美元，玩家可以玩到 EA 旗下的数十款游戏。而且 EA 的覆盖范围极广，2014 基于 Xbox 平台的会员体系推出 EA Access，2016 年推出 Origin Access，2018 年推出 Origin Access Premier，2019 年在 PlayStation 上线 Access 订阅服务。加上跟 Steam 合作的订阅服务，EA 的 Access 服务几乎已经覆盖了所有平台。育碧的 Uplay+ 也加入了订阅模式，玩家一个月花 14.99 美元就可以畅玩上百款游戏。就连在商业模式上相对保守的索尼也在 2022 年推出了最新的 PS+ 订阅计划。其中，每月 9.9 美元的 PS+Extra 计划，能够提供多达 400 款 PlayStation 4、PlayStation 5 的游戏；而每月 17.99 美元的 PS+Premium，在前一档的基础上，还提供多达 340 款 PlayStation、PlayStation 2、PlayStation Portable 游戏和云游戏形式的 PlayStation 3 游戏。

虽然行业内众多公司都在做，但订阅制本身也存在一些相对复杂的问题。

首先，订阅制的优势有以下几点。

第一，游戏的开发公司和订阅制的平台提供方相对稳定，虽然可能不容易有大的爆款产生，但也降低了风险。

第二，更容易有稳定的核心用户群体。

第三，玩家一旦开通订阅，除非实在没有游戏玩，否则不会主动停止订阅，所以订阅用户的留存率相对较高。

第四，可以让更多的开发团队把精力放在游戏质量上，而不是付费点上。

其次，订阅制也有以下几个缺点。

第一，相比较内付费游戏来说，收入上限会降低。

第二，对游戏的更新诉求更强，平台必须持续地加入新游戏。

第三，门槛较高，所有玩家都必须付费，这和一部分用户的习惯相悖。

订阅制的本质是在游戏市场经过了一系列付费方式的实验后，又回到了时间付费这个曾经在 MMORPG 一开始就尝试过的模式——买点卡、充时长上。

关于游戏产业的未来，近些年出现了一个新模式，就是 Battle Pass，或者说通行证、季票模式。2011 年，Rockstar 就在《黑色洛城》中引入了名为"季票"的营收手段，等同于为后续一段时间内的更新预先付费，这是最早在 3A 游戏里接入这种模式的案例之一。虽然有点儿像是购买 DLC，但它的销售逻辑确实发生了转变，玩家本质上购买的是后续服务，与内容买断还是有所不同的。2013 年，Valve 为 DOTA 2 制作了一个叫作《TI3 互动指南》[①]的虚拟物品，玩家购买了以后可以获得 TI3 的专属信使等虚拟道具，也就是玩家们所说的"小绿本"。一年后的 TI4，Valve 又推出"小紫本"，加入了积分体系，玩家必须完成一些任务，提升等级，才可以获得对应的道具。这被认为是最早的通行证系统。这种"小本本"的模式每年都可以为 Valve 创造接近一亿美元的收入，其中有 2000 万～3000 万美元成为 TI 赛事的奖金。

在尝到甜头以后，Valve 开始将这种模式发扬光大，《反恐精英：全球攻势》里也推出了名为大行动的类似系统。TI6 时期，DOTA 2 正式把之前的"小本本"改成了"勇士令状"，基本和现有多数游戏的 Battle Pass 相似，玩家在游戏内有专属任务，如果付费可以加快任务的完成。

Battle Pass，可以理解为一张门票，玩家进入这个系统以后可以靠在游戏内的努力获得游戏奖励，如果不买这张门票奖励会很少甚至没有。相比较传统的付费项目来说，Battle Pass 需要付出的资金少得多，但需要付出的时间更多。

真正让行业注意到 Battle Pass 这个模式有巨大潜力的是《堡垒之夜》。《堡垒之夜》的开发商是 Valve 的主要竞争队手 Epic，这款游戏一开始并没有取得太高的关注，最大的转折点就是 Battle Pass 系统的加入。对比之前 DOTA 2 的系统设计，Epic 做了一个看似很小的修改，就是玩家在购买 Battle Pass 之前的奖励也会被记录。也就是说，玩家的努力永远不会白费，哪怕

[①] TI，The International DOTA2 Championships 的简称，即 DOTA 2 国际邀请赛。

到赛季最后,只要玩家愿意花钱,依然可以像提款一样获得奖励。到赛季末期,没花钱的玩家看着那些被存储起来的奖励都会觉得如果失去这部分实在太亏了。这个小修改对于那些一开始犹豫是不是要花钱的玩家十分友好,赢得了非常好的口碑,还为游戏公司提高了收入。

《堡垒之夜》的付费率高达 68.8%,首次在游戏内消费的玩家甚至达到 36.7%,不依赖"鲸鱼玩家",同时没有明显影响到游戏自身的平衡性。这个超高的付费率显然吸引了全世界游戏公司的注意,之后大批游戏开始学习这种模式,甚至不少游戏大幅度调整了原有的游戏收费模式。

就连手机游戏也是如此。《部落冲突》在推出自己的 Battle Pass 系统以后,月度收入环比增长 72%,达到 7100 万美元。腾讯是最早尝试 Battle Pass 系统的中国互联网公司,*PUBG Mobile* 早在 2018 年 6 月便引入 Royale Pass 系统,《跑跑卡丁车》的"荣耀通行证"和《QQ飞车》的"荣耀勋章"也是类似的系统。

到了 2020 年,在全世界游戏市场上,非 MMORPG 的爆款游戏基本采用了 Battle Pass 系统。对于商家来说,Battle Pass 模式最大的优势是刺激了一般玩家的付费意愿,因为即便在中国市场,"鲸鱼玩家"也明显呈现出越来越少的趋势;对于玩家来说,Battle Pass 的优势是可确定的奖励,每个玩家只要投入就一定有回报,并且对比纯粹的"开箱子"更公平一些。

最后,回顾游戏史,为什么传统意义上的游戏销售模式反而是不正常的、很别扭的?为什么欧美那些看重盈利的公司能够接受高投资、低回报这样的销售模式?根本原因就是传统游戏的盈利模式是从任天堂到索尼时代由日本人设计的,并且因为经历过"雅达利冲击",所以从 20 世纪 80 年代到 21 世纪初期,所有的欧美及日本游戏公司都很惧怕改变,只要现有体系能够运作,那么就没必要尝试新的商业模式。所以在过去二三十年时间里,3A 大作的辉煌更像是一个美好的意外,在商业模式上进行大刀阔斧的创新,追求更高的利润,才是未来欧美游戏行业的主旋律。

第8章

电子竞技

爱好者时代

电子竞技经历过两个时代，分别是爱好者时代和商业化时代。这两个时代主要的分割线是由三件事确立的：一是规则化，无论是游戏内还是游戏外都要有详细的规定，比如《星际争霸》比赛的胜负条件是游戏内规则，而比赛人数就是外部规则；二是赛事化，比赛需要大量的赛事作为支撑，否则也无法被认定为是一个竞技项目；三是职业化，一定要有人把电子竞技作为自己的职业。在爱好者时代，前两点都或多或少地完成了，但第三点发展得比较缓慢，而电子竞技真正意义上进入商业化时代就是靠职业化道路的成功。

电子竞技几乎是和电子游戏同时出现的。第一款电子游戏《太空大战》诞生没多久，就有了第一次电竞比赛，地点在硅谷的心脏地区——斯坦福大学的人工智能实验室，参赛选手都是斯坦福大学的毕业生。这次比赛的名字非常有趣，叫作"星际太空大战奥运会"（The Intergalactic Spacewar! Olympics），奖品也非常有趣，是一年份的《滚石》杂志。

早期的电子竞技比赛大部分是间接对抗，选手不是直接和其他选手对打，而是通过间接的积分对比实力。最早使用电子积分排名系统的是雅达利于1979年开发的街机《小行星》，玩家在游戏结束时会获得一个积分，不同玩家可以通过这个积分对比知道自己的实力如何。

1980年，雅达利举办了"太空侵略者冠军赛"（The Space Invaders Championship），这是世界上最早的商业性质电子竞技比赛，在全美国总共有1万名玩家参与，美国大部分主流媒体跟进报道。一时间，参赛选手就像是传统体育明星一样备受瞩目，不过这种影响力伴随着几年后的雅达利崩溃一同化作尘埃。

1990年，任天堂北美分公司在全美29个城市举办了名为"任天堂世界锦标赛"的电子竞技比赛。玩家需要连续玩《超级马力欧兄弟》《红色赛车》（Red Racer）和《俄罗斯方块》三款游戏，最终根据这三项比赛的成绩计算出一个综合成绩。任天堂将玩家分为"11岁及以下""12～17岁""18岁以上"三个组别进行比赛，参赛者要先在所在城市参加预选赛，获得冠军的玩家将赢得决赛的入场券。在第一届任天堂世锦赛大获成功后，时隔25年，第二届才在2015年宣布重启，到2017年才举办了第三届比赛。相比职业选手和俱乐部的电子竞技比赛，任天堂世锦赛更像是一场爱好者的聚会，没有那么强的竞技性，而是多了一丝"合家欢"的感觉。

电子竞技职业化的先驱是《雷神之锤》，这款游戏确立了日后多人合作电子游戏在很多方面的雏形，包括清晰的阵营划分、联网对战和有明确的获胜条件。1997年10月31日，安吉·穆洛兹（Angel Munoz）召集了300多名《雷神之锤》的玩家，在美国得克萨斯州达拉斯的InfoMart里组织了一场名为"高级游戏玩家巡回动员赛"（The Foremost Roundup of Advanced Gamers，简称The FRAG）的电竞比赛。这是游戏史上最出名的早期电竞比赛，比赛经历了三天，最终Tom Dawson（Gollum）获得了冠军。

在决定组织这次比赛后，穆洛兹受到了来自外界的各种压力，相当多玩家认为他的想法不切实际，但随着The FRAG的成功，穆洛兹又组织了游戏史上最重要的系列赛事——职业电子竞技联盟（Cyberathlete Professional League，简称CPL），进而为电子竞技玩家打开了一扇通往职业化的大门。因为CPL联赛的成功，穆诺茨日后也被誉为"电子竞技教父"。

关于与电子游戏的渊源，穆洛兹自己说道："它就这样无声无息地来到了我们的身边，就像外星科技在地球留下的痕迹一样。每个人都注视着它，我的一个朋友和我坐下并开始玩这个新奇的玩意儿，接着很多人围着我们，等待着他们的游戏。在那个时候，我就知道有一天我会成为这个产业的一部分。"[1]

关于The FRAG，穆洛兹表示："The FRAG是一个很好的范例，我们尝

---

[1] 《反恐精英CS》ANGEL MUNOZ和CPL的故事，原文链接已遗失。

试把我们的概念贯通在 PC 游戏竞技的标准化上。举例说，The FRAG 是第一次使用相同计算机的比赛，第一次引入不同比赛的场地，第一次有产品展览专柜，第一次被称作一项运动。从那次简单的开始，我们定义了电子竞技的全新概念，永远地改变了一个产业的面貌。"而对于电子竞技职业化这件事，穆洛兹也曾经提到："我们一定要有耐心，在建立职业电子竞技产业和组织的道路上没有捷径可走，在向未知领域探索的过程中总会出现这样那样的问题，甚至有可能失败。在过去的这些年中，我每天都忙于处理公司事务，像开会、和董事会交流、维护投资者关系、契约谈判、制订策略，等等，我和我的职员总会花许多时间来构思新的创意和新的发展方向，在 CPL 的成长过程中，我能够看到社会、赞助商和从业者对电子竞技的认可和信心，我始终认为，电子竞技的发展势头已经无法阻挡。"

在 CPL 出现的同时，一系列赛事如雨后春笋一样冒了出来，包括以《雷神之锤》命名的游戏盛会 QuakeCon、进化锦标赛（Evolution Championship Series）等。当时美国人认为美国就是世界电子竞技的中心，但谁也没有想到真正为电子竞技领域建立规则的是韩国。

1997，亚洲金融危机爆发，一批失业的韩国人开始玩游戏打发时间。1998 年，《星际争霸》进入韩国市场，当时韩国只有 3000 家左右的网吧，一年以后，这个数字翻了数倍，几乎所有网吧的顾客都在玩《星际争霸》。2000 年，韩国职业电子竞技协会（KeSPA）成立，这是一个纯粹的韩国官方组织，负责电子竞技赛事组织、俱乐部管理和新人培养，以完善韩国电子竞技的产业链。韩国也是全世界第一个由政府出面组织电子竞技赛事和相关活动的国家。

2000 年，韩国大财团三星组织了世界电子竞技挑战赛（World Cyber Game Challenge，WCGC），这是全世界第一个涵盖数个主流电子竞技项目的国际赛事。韩国政府也给予了这项赛事众多支持，文化、旅游和信息产业等政府部门都参与其中，俨然一副要将之打造成电子竞技领域世界杯的架势。第一届比赛吸引了来自17个国家和地区的共174名选手参赛，游戏包含《雷神之锤》《星际争霸》《帝国时代》《FIFA世界足球》等，总奖金20万美元，是当时世界上奖金最高的赛事之一。

第二年，WCGC改名为世界电子竞技大赛（World Cyber Game，WCG），真正意义上成为世界上最大的电子竞技盛会，奖金池已高达60万美元，比赛人数也比之前翻了一番，来自24个国家和地区的共430名选手晋级决赛。

WCG在普及电子竞技项目方面做出了重大的贡献，是那个时代电子竞技赛事组织的标杆，更是电子竞技选手职业化的重要催化剂。但到了2013年，因为《星际争霸》和《魔兽争霸3》逐渐没落，包括《英雄联盟》在内的新游戏的开发公司开始收回赛事的组织权，WCG越来越难以维系，最终选择了停办。2017年，《穿越火线》的开发公司Smile Gate买下了WCG的举办权，并于2018年正式重启WCG。

除了各种电子竞技赛事层出不穷，游戏本身也在促进电子竞技的发展。2002年，《魔兽争霸3》上市，在《星际争霸》的自定义地图的基础上又加入了英雄的概念，玩家可以操作大量普通角色，在这些元素的基础上还诞生了日后的MOBA游戏模式，成为电子竞技商业化最重要的一个转折点。

以MOBA游戏的出现为分界线，在此之前的电子竞技领域处于爱好者时代，之后就是纯粹的商业化时代。

商业化时代

传统的以第三方公司为主的电子竞技赛事运作模式，随着WCG的没落而一同消失，时至今日，电子竞技的赛事基本是游戏公司第一方组织的赛事。之所以发生这种转变，是因为游戏公司开始意识到赛事本身是可以赚钱的，同时好的赛事可以延长游戏的生命周期，所以大部分公司收回了赛事的举办权限。

电子竞技赛事里，暴雪、Valve和Riot这三家最成功的公司，恰好代表了三种截然不同的赛事运营思路。

暴雪是一家很早就有电子竞技野心的公司，早在1997年暴雪就上线了战网。战网提供了一个软件平台，来自全世界的玩家都可以进入房间，和其他人一起游戏。这时的暴雪意识到，多人电子游戏有特殊的魅力。

1999年，暴雪举办了第一次电子竞技比赛，掀起了不小的热潮，但并没有引起其他公司的重视。之后，《星际争霸：母巢之战》的配套战网功能上线，一同上线的还有Ladder系统，这个系统之后演化为玩家所熟悉的天梯排名，玩家可以通过提升自己的实力获取更高的排名，日后的多人电子竞技游戏的匹配系统几乎都是这套系统的衍生品。

暴雪是幸运的，《星际争霸》和《魔兽争霸3》两款游戏是早期最成功的电子竞技游戏，但遗憾的是暴雪一直没能做出自己的电子竞技生态。这和暴雪的付费模式有很大的关系。暴雪一直遵循着卖拷贝这个最基本的游戏销售模式，导致可以从正版渠道联网进行游戏的用户数并不多，《星际争霸》和《魔兽争霸3》的销量只有约1000万套，和大部分电子竞技游戏相比较少。更重要的是，暴雪不光在收费模式上选用了最传统的方式，在赛事组织上也是如此。暴雪早期的公开赛赛制更像是粉丝聚会，大部分玩家有机会参加比赛。虽然这看起来对一般玩家更加友善，但这种模式没有足够稳定的薪酬体系，培养不出职业化的战队和选手，久而久之吸引力自然会下降。

电子竞技最重要的节点就是职业化，因为只有职业化才代表着有选手把电子竞技作为事业，否则就永远是爱好者的小圈子游戏。MOBA游戏就促成了电子竞技的职业化。

暴雪为电子竞技做了三个非常重要的贡献：地图编辑器，这让开发者做了MOBA游戏；早期赛事，这吸引了一批观众和职业选手；《星际争霸》，这款游戏吸引了韩国举国玩游戏。

早在《星际争霸》时代，就有过一张名为Aeon of Strife的游戏地图，这张地图有三条并行线索，最终目的都是摧毁对方的主基地——与日后的 *DotA* 和《英雄联盟》如出一辙。但因为《星际争霸》没有英雄单位，所以游戏的丰富性非常低，更重要的是，这是一张单机地图，少了一些乐趣。

2002 年，《魔兽争霸 3》上市，引入了英雄的概念，这让一些开发者获得了灵感，于是就有人模仿 Aeon of Strife 制作了地图，其中最被人熟知的是一名叫 Eul 的开发者开发的 Defense of the Ancients，简称 *DotA*。之后这张地图又被一系列开发者修改，其中 Meian 发布了 Allstar 版本，加入了大量的英雄；Guinsoo 制作了大量新英雄和新道具；IceFrog 大规模重制过英雄……

渐渐地，这些开发者发现《魔兽争霸 3》的地图引擎已无法支撑他们的想象力，于是几位核心开发者各自有了不同的打算。Guinsoo 加入了刚创立没多久的 Riot，主导开发了《英雄联盟》，而 IceFrog 和 Valve 合作开发了 *DOTA 2*。

相比较传统的电子竞技赛事，Valve 的国际邀请赛（TI）在赛事模式上迎来了重大改变。TI 遵循了三个原则：一是游戏开发公司组织第一方赛事，并且代表了游戏玩家的最高水准；二是高度覆盖全世界各地的玩家，通过扩大覆盖面积，提升比赛的影响力；三是设置高额奖金，第一届的冠军奖金就达到了 100 万美元，第三届开启众筹模式以后更是连年破纪录。

但 TI 的赛事模式也并不是最好的，它依然没有解决选手职业化和俱乐部商业化的问题。

这些问题被 Riot 成功解决了。

在质量上，《英雄联盟》并不是最优秀的电竞游戏。早期的媒体都认为《英雄联盟》抄袭 *DotA*，而事实上无论 Riot 还是 Valve 都不是原版 *DotA* 的创造者，只不过两家公司各挖走了一个核心开发者。甚至《英雄联盟》距离抄袭更远一些，毕竟从游戏本身而言，《英雄联盟》的核心玩法和原版游戏差异巨大，《英雄联盟》更像是一款动作游戏。《英雄联盟》在刚推出时，做了一件很聪明的事情，之前所有类似 *DotA* 的游戏全被称为 DotA-Like 游戏，

《英雄联盟》不想被这么称呼，于是干脆自己造了一个词叫 MOBA，全称 Multiplayer Online Battle Arena，中文一般翻译为多人在线战术竞技游戏。也就是说，自此以后这类游戏都是 MOBA 游戏，而不是 DotA-Like 游戏，极大地弱化了大家对《英雄联盟》模仿 DotA 的印象。

2012 年 2 月，《英雄联盟》的活跃玩家数达到 1100 万，超越了《魔兽世界》，成为西方世界里玩家数最多的网络游戏。

在 2013 年以前，几乎没有媒体对《英雄联盟》持正面评价，除了模仿 DotA 这点以外，《英雄联盟》和 DotA 的所有差异都成了媒体批评的"黑点"。当时的《英雄联盟》是处于像 DotA 不对，不像 DotA 也不对的尴尬境地。多数媒体的观点出奇地一致，认为 DOTA 2 上市以后可以轻易打败《英雄联盟》，但结果并非如此。

《英雄联盟》是一款影响力极大的游戏，在《英雄联盟》以前，只有《超级马力欧》和《精灵宝可梦》做到了真正意义上的风靡全世界。我们熟知的多数游戏有明显的地域性，或者说有主战场，比如《星际争霸》和《魔兽争霸 3》的玩家主要集中在中国、韩国和欧洲国家，在北美市场并没有想象中那么火爆；对于美国玩家来说，暴雪影响力最大的游戏是《暗黑破坏神》；《反恐精英》的主要玩家在欧洲和北美，在亚洲只火爆过很短的时间。更重要的是，早期电子竞技游戏几乎无法覆盖到东南亚、南美和中东地区，而以上地区《英雄联盟》全覆盖到了。在巴西，《星际争霸》和《魔兽争霸 3》都是冷门游戏，而《英雄联盟》一进入就成为巴西最受欢迎的网络游戏。在封闭的越南市场，之前几乎没有任何电子竞技游戏可以进入，而《英雄联盟》甚至有专门的越南赛区，职业化程度极高。就连 PC 游戏极为弱势的日本市场，《英雄联盟》都成功组织起了职业赛事，甚至还有了明星选手。

根据 YouTube 播主 Data is Beautiful 统计的 Twitch 和 YouTube 游戏频道每款游戏每小时平均观看人数，《英雄联盟》的游戏数据从来没有跌出过前两名，也从来没有连续超过 6 个月在第二名，绝大多数时间是第一名。

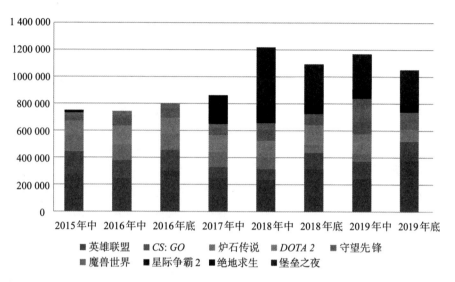

图 8-1　Twitch 和 YouTube 游戏频道每款游戏每小时平均观看人数

数据来源：YouTube 播主 Data is Beautiful[①]

《英雄联盟》获得成功有以下六个方面的原因。

一是免费游戏的模式。相较于《魔兽争霸 3》的付费模式，《英雄联盟》的免费模式门槛更低，从一开始就吸引了更多玩家。

二是健全的匹配和排位系统。《英雄联盟》通过复杂的评分体系，避免了低水平玩家轻易遇到高水平玩家。虽然《英雄联盟》的匹配机制并不完善，经常被玩家调侃，但仍然是市面上最好的。

三是更新频繁。2011～2013 年，《英雄联盟》推出大批新英雄和各种娱乐模式，吸引了一大批玩家，也丰富了游戏内容。到 2012 年该游戏就推出了超过 100 个英雄，前四年的英雄数量分别为 2009 年 42 个，2010 年 24

---

① 此处的时间节点都是有重要游戏上线或者跌出榜单的时间点。

个，2011 年 24 个，2012 年 19 个。该游戏一直到 2013 年才开始减少新英雄的推出数量，到 2018 年以后又以重做老英雄为主。作为对比，《守望先锋》失败的原因就包括更新太少，《守望先锋》在发售的头一年只出了 3 个英雄，在上市 4 年以后也只有 32 个英雄，对于玩家来说显然新鲜的内容实在太少。

四是观赏门槛低，观赏性强。《英雄联盟》和 DOTA 2 本质上是截然不同的两款游戏，而且在最近几年差异越来越大，《英雄联盟》更接近格斗游戏，而 DOTA 2 更接近策略游戏。《英雄联盟》的操作全在毫厘之间，一次团战几秒钟就可以结束，而 DOTA 2 的团战和宏观运营非常复杂。在这种情况下，观众很容易被《英雄联盟》选手的高难度操作吸引。就像围棋和足球一样，如果不懂规则就很难理解围棋的策略美感，而一般人都能感受到足球进球后的快感。

五是细节优化非常优秀。Riot 通过调整英雄和装备的强度以及更改游戏机制等，迫使玩家必须按照某个固定的方式玩游戏才更容易取胜。这极大地丰富了游戏的玩法，防止玩家陷入固定的套路。最典型的就是在职业赛场曾经出现过韩式运营的浪潮，具体来说就是玩家通过精细的资源置换来确立自己的经济优势，最终获胜。这种打法会导致比赛极其沉闷，严重影响观赏性，Riot 在 2018 年通过一系列手段削弱了韩式运营的强度，之后观众数迎来了明显的上涨。也就是说，虽然 Riot 经常做一些看似过度干预游戏的事情，但从结果来看基本是好的。

六是有电子游戏领域最好的赛事组织。这是《英雄联盟》能够成功最主要的原因。从 2012 年开始，Riot 开始在全世界建立完整的职业赛事体系，在此之前电子竞技主要以杯赛赛制为主，所有队伍凑到一起打几周然后原地解散，而联赛赛制是所有选手像获得了一份稳定的工作，全年进行的赛事。显然联赛赛制相对更健康一些，但一开始并没有人看好这种模式，大部分人认为电子竞赛赛事无法支撑这么复杂的联赛赛制。

到了 2019 年,《英雄联盟》的联赛已经覆盖全世界大部分地区,包括中国的 LPL 赛区和 LMS 赛区、韩国 LCK 赛区、欧洲 LEC 赛区、北美 LCS 赛区、越南 VCS 赛区、土耳其 TCL 赛区、日本 LJL 赛区、巴西 CBLOL 赛区、拉丁美洲 LLA 赛区、独联体 LCL 赛区,其中中国的 LPL 赛区和韩国的 LCK 赛区甚至有专门培养年轻队员的次级联赛,基本上所有联赛都实现了全面的职业化。到了 2020 年,中国的 LPL 赛区已经有 17 支队伍,成为世界最大的赛区。

同时,《英雄联盟》在联赛之外也形成了赛事的全年覆盖,是电子竞技赛事里唯一做到这一点的。从观众数量来说,2019 年的 S9 世界赛的观看人数峰值达到了 4400 万,平均每分钟有 2180 万人观看。

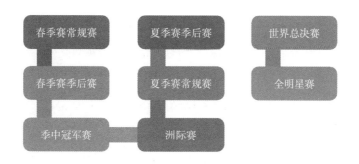

图 8-2 《英雄联盟》赛事流程

《英雄联盟》在拼命将电子竞技的赛事向传统体育靠拢,借鉴传统体育赛事运作了上百年的成功经验,创造的收益也达到传统一线赛事的级别。2020 年,bilibili 以 8 亿元的价格拿下 S10 到 S12 三届《英雄联盟》全球总决赛中国地区的转播权,而 2020 年 LPL 的转播权也被企鹅电竞以 6000 万元拿下。哪怕在传统体育赛事里,这也属于相当高的转播授权费。

这就是《英雄联盟》赛事巨大的影响力。

《英雄联盟》将游戏本身和赛事完美结合,而《绝地求生》则是典型的反面例子。《绝地求生》虽然很好玩，玩家数最高时也有数千万，但赛事一直不温不火，主要原因有两点：一是随机性过强，《绝地求生》道具刷新和"毒圈"刷新的随机性太强，以至于竞技体验相对较差；二是观赏性不高，因为参赛人数过多，难以雨露均沾，对导播的考验非常大，甚至不同粉丝想看的内容完全不同。这也是相当多游戏电竞化不成功的主要原因，哪怕赛事做得再好，游戏本身不适合观看也很难电竞化。

除了《英雄联盟》以外，做得比较好的是《守望先锋》。暴雪为《守望先锋》成立了专门的职业化联赛——《守望先锋》联赛（Overwatch League，简称OWL）。2017年摩根士丹利的报告显示，《守望先锋》联赛的预期收益有7.2亿美元，相当于全世界最大的职业摔跤公司WWE（World Wrestling Entertainment）一年的营收。

根据数据服务和分析机构Newzoo 2020年度《全球电子竞技市场报告》中的预测，2020年全球电子竞技产业将产生11亿美元（约76.6亿元人民币）的总收入，相较于2019年的9.51亿美元同比增长率为15.7%。2019年世界范围内共举办了885场重大赛事，这些比赛的门票收入总计为5630万美元（约3.9亿元人民币），高于2018年的5470万美元。而2019年各项赛事的总奖金池达1.67亿美元（约11.63亿元人民币），相比2018年的1.51亿美元略有增长。

现阶段电子竞技项目的主要收入来自赞助，商业收入和俱乐部收入均是如此，同时在最近几年，电子竞技的赞助商也不再仅仅是游戏配件生产商，传统体育项目的赞助商也进入了这个领域。此外，在中国电子竞技领域急速发展的前几年还产生了一种非常独特的直播平台补贴商业模式，俱乐部签约选手以后再和直播平台签约，通过直播平台补贴负担大部分员工工资。在直播平台发展最好的几年里，从平台获得的补贴甚至可以涵盖俱乐部的全部运营成本。但这些年随着电竞选手的工资越来越高，同时直播平台已过了高速发展期，俱乐部的经营也要依赖其他方面的收入。

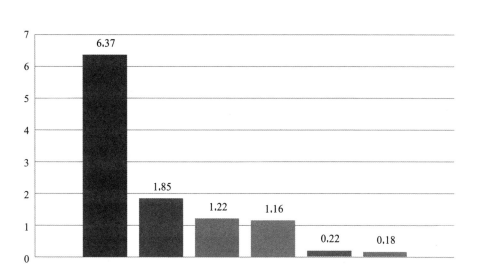

图 8-3　2020 年全球电子竞技产业直接收入（亿美元）
数据来源：Newzoo

相较于 PC 游戏，主机游戏的电竞化相对差一些，但也不是没有。《精灵宝可梦》《光晕》《GT 赛车》系列都有长期的电竞比赛，还有专门针对格斗游戏的 EVO 大赛（Evolution Championship Series）。但传统主机游戏确实不适合电竞化，核心原因就是主机游戏的分发渠道以光盘为主，并且联机环境不好，并不适合需要频繁更新的联网游戏。但这些年随着主机游戏数字化比例越来越高，整体架构越来越接近计算机，开始出现不少火爆的联网游戏。主机游戏的电竞化也在如火如荼地发展着，甚至很有可能是未来一个重要的市场。

本章参考资料：

[1]　恒一，查天奇 . 电子竞技发展史 [M]. 北京：机械工业出版社，2019.

[2]　戴焱淼 . 电竞简史 [M]. 上海：上海人民出版社，2019.

未来市场

云游戏

所谓云游戏，就是用户不需要购买实体游戏，甚至不需要下载，有网络就可以玩的游戏。

早在 1993 年，世嘉就为 MD 推出过一个名为世嘉频道的服务，玩家可以通过有线电视网络来玩游戏，而不用购买卡带。1995 年，任天堂给 Super Famicom 推出了外设 Satellaview，用户可以通过卫星网络下载游戏，也可以直接玩一些广播游戏。但这两个服务都没有得以普及，甚至没坚持多久。主要原因是运营成本过高，并且用户体验不佳。

2000 年的 E3 上，芬兰公司 G-cluster 第一次提出了云游戏的概念，但当时的网络情况显然不足以支撑这样的想法，这件事在之后的很多年被彻底遗忘了。

2007 年，Crytek 推出《孤岛危机》。这款游戏因为画质过于出色，所以对显卡的运算能力要求极高，无数玩家升级显卡就是为了可以一玩《孤岛危机》，以至于这款游戏一度被调侃带来了一次"显卡危机"。两年后，一家名为 OnLive 的美国公司宣称，可以让玩家以极低的配置畅玩《孤岛危机》，他们所使用的方式就是云游戏，把游戏的渲染放在服务器上，实际上玩家是对着游戏直播操作服务器上运行的游戏。但这个项目的测试效果十分糟糕，最终该项目在 2014 年卖给了索尼，索尼将其整合到了 PlayStation Now 服务里。日后 PlayStation Now 服务的运营一直不温不火，到 2019 年，该服务的订阅用户数为 70 万人，这个数字虽然不差，但对于月活跃用户为 9400 万人的 PlayStation Network 来说还是不够理想。

云游戏有两个显而易见的优点，一方面对于玩家来说，云游戏可以摆脱硬件的束缚，玩家不用再担心自己的配置带不动游戏；另一方面对于开发者来说，不用对玩家的设备进行过多的妥协，更重要的是也不用再考虑更新补丁等问题。

所以想要占领云游戏市场的公司一直不在少数。2017 年，英伟达推出面向 PC/Mac/Shield 平台的 GeForce Now 云游戏平台，该平台的特点是集成 Steam，可以运行在 Steam 上已购买的游戏，而且支持的游戏数量很多。但这个优点也是 GeForce Now 的缺点，它并不销售游戏，而是作为一个单纯意义上的服务器租赁商，玩家可以通过服务器远程运行自己在 Steam 上购买的游戏。日后有一批公司采取了类似的模式，但是包括 GeForce Now 在内都受到了游戏公司的质疑，因为对于游戏公司来说游戏只授权给了 Steam 平台，GeForce Now 相当于没有经过游戏公司的同意直接运行了游戏，所以相当多游戏公司联系英伟达让其下线自己的游戏。

2018 年，卡普空在 Switch 上推出《生化危机 7》。因为机能限制，所以卡普空直接使用了云游戏技术，玩家只需要下载一个很小的客户端，就可以在线玩游戏。该游戏的收费模式是 180 天 2000 日元，但最终玩家对此给出了差评。同年，微软推出了 Project xCloud 云游戏项目，谷歌推出了 Project Stream 测试云游戏，EA 也推出了 Project Atlas 云游戏项目，就连美国最大的移动运营商 Verizon 也和英伟达合作推出了 Verizon Gaming。

2019 年的游戏开发者大会（GDC）上，谷歌推出了 Stadia 平台，又一次把云游戏的概念提到台前。几乎所有游戏公司也在响应号召，微软的云游戏平台 xCloud 宣布会在 2020 年上线，EA 的云游戏平台 Project Atlas 已经开始测试，而腾讯直接推出了腾讯即玩、CMatrix、START 三个云游戏平台，阿里巴巴和网易也建立了云游戏的相关产品线。2020 年，亚马逊在美国地区推出云游戏订阅服务 Luna，每月费用仅为 5.99 美元。

其中最早商业化的是 Stadia。Stadia 一开始最主要的概念是"负延迟"，意思是通过人工智能技术预测用户下一步的行为。这听起来有些不可思议，但其实十几年前就有很多平台和游戏在使用这项技术，现在也比较普遍了。简而言之就是，大部分人玩网游时看到自己操作的人物飞来飞去，很可能就是这项技术出现网络延迟以后的情况。Stadia 为了缩减游戏传输时间还用了很多其他的"黑科技"，比如手柄是自带 Wi-Fi 的，所以信号直接通过手柄传输到云端，而不用通过设备中转，但这也导致 Stadia 的手柄贵得离谱，要 69 美元，而其他平台的官方手柄一般只需要 40 美元。

Stadia 一开始只有 22 款游戏，并且 Stadia Pro 包月以后还需要再次购买游戏，甚至还不便宜，比如《真人快打 11》要 59.99 美元，Stadia Pro 会员购买是 41.99 美元，而 PlayStation 4 版本的只需要 27.99 美元。显然 Stadia 的价格是贵了不少。

有媒体做过 Stadia 平台的测试，对比 Xbox One X，Stadia 平均延迟要多 44 ms，而在最高画质时，这个延迟可以达到 56 ms，加上 Xbox One X 版游戏本身的延迟，包括显示、处理和手柄的延迟，Stadia 上的延迟平均超过了 200 ms。在游戏开发者大会的发布会上，玩家在和服务器几乎面对面的情况下，延迟依然在 100 ms 以上，对于大部分游戏来说这其实是可以接受的，只是在动作游戏中这并不算理想状态。Stadia 绝大多数的差评是在说这个延迟太高。在游戏开发者大会现场，谷歌一直在回避延迟的话题，现场测试时，有人对 Stadia 的实际使用结果提出了质疑，可是没有得到谷歌的答复。另外，Stadia 的刷新率和操作的延迟都非常不稳定，导致有大批测试者都说出现了明显地晕 3D 的情况，而传统游戏解决晕 3D 的方法就是降低延迟和稳定刷新率，也就是说，云游戏除非解决延迟和刷新率的问题，否则会恶化晕 3D 的情况。

为了解决延迟的问题，英伟达的 GeForce Now 的做法是和运营商合作，直接在运营商的机房部署，就是所谓的边缘计算，但这需要给运营商分利润，同时运营商也不一定愿意合作，毕竟这会增加运营成本和风险。英伟达表示，这种方法可以把网络延迟降到 30 ms 以下，基本上是唯一的方案。但哪怕这样，英伟达的 CEO 黄仁勋也明确表示过，云游戏永远不可能替代 PC 游戏。他说："之所以这么说，是因为我们还没有弄清楚如何解决这个问题，即光速问题。当你在玩电子竞技游戏的时候，你需要的是几毫秒而不是几百毫秒的响应，这是一个根本的问题，是物理定律。"

玩家对云游戏的诉求不大。GamesIndustry 委托调研机构 Ipsos MORI 进行了一项调查，针对英国、法国、德国、西班牙四国展开，调查对象包含使用过所有设备玩游戏的玩家。调查结果显示，15% 的被调查玩家对云游戏服务感兴趣，12% 的玩家选择"现在不使用"，只有 3% 的玩家对云游戏服务"非常感兴趣"，另外有多达 70% 的玩家表示他们对云游戏服务不感兴趣。

进入 2019 年后，中国突然涌现出一批新的云游戏平台，但也带来了一系列衍生问题，其中最严重的就是版权问题。2020 年 8 月 28 日《人类跌落梦境》的中国运营方心动网络在微博发表声明，某平台以云游戏形式发布这款游戏并以会员收费盈利的行为未获得发行商 505Games 的授权。而在这个平台上可以看到很多海外游戏大作，多数游戏是没有得到合法授权的。

一些媒体经常把云游戏和订阅游戏放在一起讨论，但商业模式和分发模式是两码事。云游戏只是一种分发模式而已，现在云游戏大多是购买拷贝，除了微软和亚马逊以外，其他平台也没有在云游戏上尝试订阅模式。

云游戏面临着很多难以解决的问题。

第一，游戏玩家的付费频次比多数人想象中要低很多。历史上每一代主机，除了 PlayStation 2 因为服役时间过长以外，没有任何一代主机的玩家平均购买的游戏数超过 8 款，大部分玩家一年购买的游戏数量不会超过 5 款。在这种情况下，玩家对于下载下来或者买张盘这种事情并没有那么排斥。安装游戏并不是痛点，尤其对于核心玩家来说，影响体验才是痛点。所以云游戏只能针对移动平台，而移动平台的限制更多，包括手机电量、网络延迟等，同时移动平台游戏玩家对画面的追求也没想象中那么高，在一定程度上，云游戏是在强行创造一个不存在的需求。在游戏行业，玩家选择一款游戏的主要原因有：漏洞少、剧情好、画面好、游戏性强、价格低、宣传好，但云游戏并没有优化其中任何一点。

第二，云游戏的成本非常高，包括游戏的成本和宽带资源的使用成本。

因为信息的传输一定包含存储，所以信息传输的成本一定高于信息存储的成本，云游戏的成本也因此要高于下载游戏。安培分析的总监皮尔斯·哈丁-罗斯（Piers Harding-Rolls）在分析微软云游戏市场的时候说："我们要记住，云游戏服务还没有任何定数，为用户提供云服务成本高昂，并且规模一定不会小。如果你像微软一样拥有云计算服务，那么就有机会减少器材损耗，降低散热费用等成本。而且支持图像计算的云服务的成本比单纯为主机提供下载服务的成本高得多。"现在 Stadia 的做法是游戏和服务两部分都要收费，玩家显然很难接受。云游戏的平台一定要尽可能降低宽带成本，因为长久来看这部分成本玩家是肯定不会负担的，三四年的云平台费用都够买一台主机了，而主机画质更好，流畅度更高。现阶段云游戏的理想群体是边缘游戏群体，他们平时不常玩游戏，只是想偶尔试试，而对于这部分群体来说，连核心玩家都难以接受的成本，他们真的可以接受吗？更何况从另一个角度来说，绝大多数视频平台没有真正实现盈利，需要即时演算、单位成本更高的云游戏就更难盈利。

第三，现在的云游戏市场还没有一家愿意砸出上百亿美元的公司，除非看到云游戏能够赚到更多的钱，否则外部公司几乎不会进入。

对于云游戏而言，微软是一个很好的入局者。一是因为微软有非常出色的云服务 Azure，Azure 服务在 140 个国家和地区布置了 54 个服务覆盖区，是世界上覆盖范围最大的云服务之一。二是微软现有的游戏生态已经基本稳定，尤其是 XGP（Xbox Game Pass）带来的订阅制服务用户越来越多，而微软也确定了云游戏将会加入 XGP，首发游戏就有 150 款（XGP 中的大部分游戏），包括《血污：夜之仪式》《蝙蝠侠：阿克汉姆骑士》《光环：士官长合集》等大作，随着 XGP 的游戏更新，还会有一些游戏持续加入。对于微软来说，云游戏很容易和 XGP 用户进行绑定，而且只要微软愿意，甚至可以针对所有 Windows 的用户进行推广。更重要的是，作为游戏市场上最大的平台方之一，微软在游戏数量上也有更好的保障，这是微软最大的优势。三是微软足够有钱，也更愿意在游戏领域花钱，谷歌虽然也有钱，但从其整个业务范围来看，谷歌对游戏的重视程度还是很低的。当然，哪怕微软已经有了明显的优势，Xbox 项目的负责人菲尔·斯宾塞（Phil Spencer）也表示："云服务兴起已经不可避免，但我们身边有太多计算设备，包括手机、Surface Hub、平板电脑和 Xbox。要完全摆脱这些，把所有工作移到云端，还不是时候。"

虽然云游戏面临很多问题，但绝不是一无是处，它还有很多让人期待的亮点。在 Stadia 的发布会上，谷歌提到了一个非常吸引人的功能，就是和 YouTube 上的游戏直播关联，主播在直播玩游戏时，可以邀请粉丝直接参与，真正意义上地实现"我行我上"。这种连接主播和观众的思路是非常有趣的，在现阶段游戏主播的话语权越来越大的情况下，这是云游戏的一个突破点。此外，云游戏还是一个很不错的测试平台，比如玩家在无法确定是不是要下载一款游戏时，可以通过云游戏来简单测试一下。

2020 年，中国公司米哈游开发的《原神》上线。这款游戏画质极佳，但是对手机的配置要求极高，世面上能够流畅运行且不严重发热的手机屈指可数。为了扩大玩家群体，米哈游于 2021 年上线了《云·原神》，也就是《原神》的云游戏版。从实际效果来看，《云·原神》的效果虽然不如《原神》的 PC 版本好，但好过绝大多数手机游戏。如果网络状况能够保持良好的话，《云·原神》的实际体验甚至要好于手机版的《原神》。这也是游戏公司第一方应用云游戏成功的案例之一。

云游戏如果想要成功，最主要的是要找到一个合适的应用场景和满足特殊群体的功能，从游戏本身去做底层设计思路的变革，而不只是单纯地把一款游戏放到服务器上。

VR/AR

VR 全称 Virtual Reality，意思是虚拟现实，它的原理是计算机模拟一个虚拟的环境，让使用者有身临其境的体验，同时可以自由地与该虚拟空间内的事物进行互动。AR 全称 Augmented Reality，意思是增强现实，是一种将虚拟信息与真实世界巧妙融合的技术。

早在 1995 年，任天堂生产的 Virtual Boy 就曾经尝试过一次 VR 游戏，但是结果惨败。

现今市面上除了几乎没有实用性的 VR 盒子以外，基本就只有 VR 一体机和 PC VR 这两大类。一体机自带处理能力，但因为设备较小，VR 一体机的处理能力大多一般。PC VR 将 VR 眼镜作为计算机的外接屏幕，主要处理工作交给计算机来做，这是相对主流的模式，但现在能够支持主流 VR 眼镜的设备配置非常高，并且大部分主机游戏平台的 VR 设备显示效果非常一般。

2014 年春天，Facebook 用 20 亿美元收购了 VR 初创企业 Oculus VR，之后整个行业就开始疯狂地创造概念，大批公司拿到了投资。

2015 年，中国 VR 的投资规模从 2.7 亿元上涨到 24 亿元，占全世界近一半的份额。2016 年上半年，国内 VR 企业的投融资金额达到 33 亿元。根据 IT 桔子的数据，2006 年到 2016 年，中国 VR 领域获投企业有 124 家，投融资事件 181 起，总金额约 92 亿元，平均单笔投融资金额超过 5125 万元，而 2016 年一年的投资金额，就占到了这十年总投融资额的 54%。

2016 年的 ChinaJoy 上，超过一半的展台都展示了 VR 概念的产品。第二年这个数量就锐减了一半，VR 突然显得格外冷淡。

2017 年，VR 的投资总规模和轮数锐减七成。

欧美市场相对较好，VR 和 AR 的总投资在 2017 年到 2018 年依然有所上涨，但是到 2019 年出现了 27% 的暴跌。而且这几年，主要市场上涨部分源自 AR，并不是 VR。

显然从现阶段的结果来看，这个行业并不算太好。

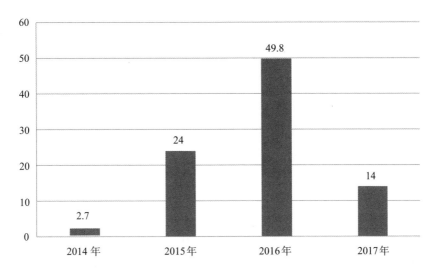

图 9-1　2014～2017 年，国内 VR 领域投融资金额（亿元）
数据来源：IT 桔子

从整个市场来看，销量最高的 VR 设备是索尼的 PSVR。PSVR 以不到 3000 元的相对亲民的价格成为销量最高的 VR 头显，但也只有 100 万台的销量，远远低于索尼的预期，上市第一年，索尼认为可以卖到 260 万台，而实际只卖出 75 万台。

除了索尼以外，被 Facebook 收购的 Oculus 也推出了 Oculus Rift，又在 2019 年推出了最新的 Oculus Quest，Oculus Quest 从配置来说是 Oculus Rift 的升级版。这台 VR 一体机搭载了高通骁龙 835 处理器，运行安卓操作系统，单眼分辨率为 1600×1440，刷新率为 72 Hz，售价为 399 美元。

到 2016 年，Oculus Rift 和 HTC Vive 的销量都不到 50 万台。之后，VR 行业有一个两年多的沉寂期，在 2019 年底又开始出现一波增长。根据 Superdata 的数据，2019 年最后一个季度，PSVR 卖出 33.8 万台，位居 VR 设备销量榜第一，Oculus Quest 紧跟其后，卖出 31.7 万台。

VR 设备在 2019 年底迎来一波增长主要是因为一批 VR 游戏的上市。其背后的主要推手是 Valve。

Valve 在 2019 年推出了 VR 设备 Valve Index，在此之前 Valve 和 HTC 曾经合作开发过 VR 设备 HTC Vive，该 VR 设备在早期也是相当不错的产品。Valve Index 有两块 1600×1440 RGB LCD 屏幕，支持 120 帧，并可以开启 144 Hz 模式，加上控制器、两个定位摄像头和外接显示器，一套为 999 美元。Valve Index 的显示效果虽然不是最好的，但搭配控制器以后整体的游玩体验是最佳的。2020 年初，Valve 推出《半衰期：爱莉克斯》这款游戏，带动 Valve Index 卖出了 14.9 万台。

2021 年，根据 IDC 的数据显示，VR 设备又获得了一次爆发式增长。2021 年 AR/VR 头戴式显示设备的出货量达 1123 万台，同比增长 92.1%，其中 VR 头戴式显示设备的出货量达 1095 万台，其中 Oculus 的份额达到了 80%。这次爆发式增长的背后，是元宇宙概念的火爆。关于元宇宙的概念，大家可以看本章后面的内容，这里先回到 VR 眼镜上。

关于 VR 眼镜，最大的问题还是技术发展不成熟，现阶段的技术距离大规模普及比想象中的还要遥远很多。从技术角度来说，VR 眼镜必须保证单个屏幕 4 K 的分辨率，144 Hz 的刷新率，军用级别的陀螺仪，并且重量低于 400 g 才能满足基本的使用需求。现阶段要拼装出这么一台 VR 设备，理论上的硬件成本就要数万元人民币，并且因为技术缺陷，很多需求还无法满足。更不要提加上头显、传感背心和手套、万向跑步机等，还要数万元。另外，几乎所有调查问卷显示，主流消费者对 VR 外设的接受价位不超过 1000 元，市场的实际情况和玩家诉求之间的差距过大。

游戏行业的多数从业者对 VR 也并不看好，Xbox 项目的负责人斯宾塞就表示，VR 并不是玩家的需求所在。这番言论在国外的社交媒体上引起了不小的讨论，最终，在争论中大家基本达成了一个共识：VR 肯定不是一个伪需求，只是这个需求距离被满足过于遥远。我们一定会看到 VR 普及的一天，但现在还不是那一天。

微软历史上就有过这么一款产品——Kinect，它是一款非常成功的体感设备，类似的还有 PlayStation Move 和任天堂的 Wii 等。从销量来说这些设备都不差，但所有公司最终都选择了放弃，因为维持这些设备需要的内容成本远远超出这些公司可以承受的范围。也就是说，游戏公司如果想让这个产品有价值，就必须持续为这个产品开发游戏，但又没有办法在短时间内收回成本来维持开发，这就很容易导致除了早期游戏再也没有后续的作品。光这些体感设备就让现有平台遭遇了这么大的阻碍，更不要提需要体感设备配合的 VR 设备了。

AR 的落地要比 VR 的落地更具有现实意义，最主要的原因是多数 AR 技术落地并不需要新的设备投入，在手机上就可以看到相关的效果。《精灵宝可梦 Go》是由任天堂、宝可梦公司和谷歌 Niantic Labs 公司联合制作开发的 AR 对战类手机游戏，在上线两个月后，收入就超过了 4 亿美元，是美国最成功的手机游戏单品，也是第一款爆款 AR 游戏。

2019 年，腾讯推出了和《精灵宝可梦 Go》机制相似的游戏《一起来捉妖》。《一起来捉妖》早期数据不错，但后续表现一般。日后，类似玩法的游戏《哈利波特：巫师联盟》和《勇者斗恶龙 Walk》也取得了一定的成绩，前者首月收入 1200 万美元，后者首月收入更是达到了 8600 万美元，但主要依靠的是其作为日本"国民游戏"的力量，首月收入绝大部分来自日本，在日本以外几乎无人知晓。

在一系列 AR 游戏推出后，从业者多少也明白了《精灵宝可梦 Go》成功的主要原因和 AR 并没有太直接的关系，更多的是靠《精灵宝可梦》这个世界上最值钱的游戏 IP。

除了 VR 和 AR 以外，还有混合了两者的 MR 概念，市场上最主要的产品就是微软的 HoloLens 系列产品。只是 3500 美元的高昂价格基本无法使其在民用市场普及，但该系列产品在商用市场确实取得了不错的成绩，医疗和军用领域都有大批采购。

无论是 VR、AR 还是 MR，在很长时间里都只能在商用领域有相对不错的发展机会，比如在日本和国内的一些游乐场、游戏厅都已经有了相关的设备，万代南梦宫就有专门的 VR 游戏线下体验店 VR ZONE。但是，这些店面的运作状况不算太好，主要原因是设备太贵。

中国上市公司云游控股 2019 年的财报里公布了旗下 VR 体验店头号玩咖的数据，在过去六个月中，头号玩咖 VR 体验店达到了 139 家，收入达到了 2600 万元，每月总付费人数为 4234 人。也就是说，平均每家店面每天只有 1 个付费用户，平均每家店每月只有 3 万元收入。这其实是大部分 VR 体验店的常态，甚至在未来很长时间里都会如此。

根据中国音数协游戏工委发布的《2019 年中国游戏产业报告》，2019 年 AR 游戏营销收入为 0.7 亿元，同比增长 64.3%，用户规模约 140 万，同比增长接近 15%；VR 游戏营销收入为 26.7 亿元，同比增长 49.3%，VR 游戏用户规模 830 万，同比增长 22%。虽然 AR 和 VR 游戏发展很快，但对比中国游戏市场超过 2000 亿元的游戏产值，基数并不大。

VR/AR 游戏显然和互联网科技密切相关，那么互联网科技领域的创业模式到底是什么样子的呢？互联网行业有三种很典型的商业模式：to B 模式，指的是针对商家的商业模式，比如 Zoom 和甲骨文这种商业服务型公司都属于这一类；to C 模式，指的是针对个人用户的商业模式，像腾讯、百度，大部分我们平时可以接触到的互联网公司属于这一类；还有一类很多人不了解，但也很普遍，就是面向风险投资机构的创业项目，即 to VC。

to VC 类型的创业项目一般满足两个条件：一是有平台级的想象空间，创业成功了可以成为一家"巨无霸公司"，给投资方带来巨额回报；二是尚未经过市场验证，这样投资方也不好通过现有案例判断项目的前景到底如何。现阶段，云游戏和 VR/AR 游戏相关的创业项目基本属于 to VC，因为完全符合上述 to VC 项目所需要的两个条件。但即便如此，云游戏和 VR/AR 游戏短时间内依然很难成为真正的产业，主要原因有四个。

第一，存在很多技术缺陷。其中云游戏受制于带宽和低延迟技术，而

VR/AR 受限于显示屏幕清晰度、陀螺仪敏感性和成本控制，这几方面的技术缺陷都无法在短时间内解决，需要一轮计算机底层技术和物理技术的突破。

第二，面临着商业模式层面的挑战，因为现阶段它们都没有形成非常成熟的能够说服第三方提供内容的商业模式。

第三，会触动现有平台的利益，尤其是主机游戏开发商的利益，包括索尼和微软，这两家虽然也都在做云游戏和 VR 设备，但除非有十足的把握，否则绝不会做彻底的颠覆。

第四，要想获得像主机游戏一样的平台效应，二者需要投入的资金规模无比巨大，在面临很多风险的情况下，很难有公司和投资机构承受得起。

对于云游戏和 VR/AR 游戏，需求是存在的，想象是美好的，但普及的道路是漫长的。

元宇宙

2021 年，元宇宙（Metaverse）的概念被突然炒火。其最核心的推手是 Facebook，该公司为了渲染这个概念，直接把公司名称改为了 Meta。

所谓元宇宙一直没有一个太严格的定义，一般认为是利用游戏的技术把社交虚拟化，更高层面的解释是，利用 VR 技术给使用者带来更强的沉浸感。

这个概念的火爆迅速带动了 VR/AR 设备和云游戏的公司，因为在元宇宙的概念里，这两个方向都属于元宇宙的基建设施。

元宇宙的概念突然火爆的原因极为复杂，基本源自于以下三点。

一是一款名为 Roblox 的游戏突然爆红。这款游戏提供了一个虚拟社交环境，在游戏里玩家可以自定义游戏，也可以单纯地与人社交，游戏的整个风格针对的是中小学生群体。此后 Roblox 就被认为是元宇宙的代表游戏。以

Roblox 为起点，资本市场开始一窝蜂地寻找类似的游戏，也引来一批看似毫不相关的公司蹭热度声称自己属于元宇宙。

二是传统资本市场上已经很长时间没有出现新的概念了，人们迫切需要寻找一个概念来拉动整个市场的热情。元宇宙这个概念除了能拉动游戏相关的内容，还可以带动 VR/AR 和云游戏等产品，对于资本市场来说，这是最完美的新概念。尤其是在上一个投资周期里，有一大批的基金公司被 VR/AR 项目套牢，所以也希望借助着这个概念的火爆解套。事实上确实有一大批此前无法脱身的基金靠着这一轮行情顺利赚到了钱。

三是做数字货币的群体也非常善于发掘新鲜概念，他们发现云宇宙的开放和分布式的概念非常贴合数字货币的理念，于是开始把数字货币的一些炒作模式应用其中，包括找知名品牌和明星联名等。这也进一步提升了元宇宙概念的影响力。

元宇宙虽然火爆，但在这个概念火爆了几个月后，就面临了一系列残酷的现实。比如 Roblox 虽然用户数激增，但是财务状况极糟，Roblox 2021 年 Q4 财报里提到，公司 2021 年的收入为 19.2 亿美元，而亏损达到了 5 亿美元。糟糕的财务状况很大程度上影响了投资者的热情，公司的股价从 2021 年底到 2022 年 3 月跌幅一度达到了 75%。

同时最早一批追热点的元宇宙产品也陆续上市，但伴随着热情的是一句句失望，绝大多数的产品甚至完全达不到一款游戏的及格标准。建模粗糙、Bug 多、毫无乐趣等问题逐渐显现。显然最主要的原因是，元宇宙的第一批创业者对游戏行业了解不透彻，从而严重低估了游戏的开发难度和成本。

在资本最疯狂的 2021 年，我有幸跟随一家大型投资机构接触了国内一家开发元宇宙的公司的融资过程。这家公司的创始人个人出资 6000 万元人民币，并且在市场上融资接近 1 亿元人民币。创始团队没有一人做过游戏，而他们要做的产品是一款写实版的《魔兽世界》。这家公司的创始团队和投资方都认为用这笔资金开发《魔兽世界》绰绰有余，但现实是哪怕是技术成熟的暴雪，开发《魔兽世界》也花费了数年的时间并投入了数亿美元。在我提出质疑后，该创始团队解释说现在的技术是当时不能比的。最终，在本书定稿时，这家公司的资金已经消耗过半，他们做出来的游戏甚至不及一个半成品，最多算是个演示用的 Demo，极其粗糙。这在 2021 年并不是新鲜事，而是整个市场的普遍现象。

不可否认的是，元宇宙提供的虚拟世界十分吸引玩家和投资人，但是从现阶段来说距离我们想象中的元宇宙依然十分遥远。除了技术不成熟等问题外，很多非游戏从业者也经常会忽视"玩家为何会去玩游戏"这个看似极其简单的问题。

事实上，绝大多数游戏经过极其巧妙的设计，从而一步步引导玩家沉浸其中。哪怕所谓的开放世界游戏，也是经过精心设计的，而绝大多数人对于元宇宙的设想是一个完全自由的世界。这种未经设计的自由实际上意味着无趣，很难吸引玩家。21 世纪初期曾经有过一款名为《第二人生》的游戏，按照现在的说法，该游戏就是标准的元宇宙游戏。《第二人生》在当年也曾经十分受欢迎，还有一批人靠着这款游戏赚到钱，但《第二人生》并没有火太久，核心的原因就是个看似朴素的回答——不好玩。

在元宇宙领域，未来可能会出现一款现象级的元宇宙产品，能够让我们沉浸在元宇宙的世界中，在里面社交、娱乐，甚至生活。但就目前的情况而言，那一天还十分遥远。

可确定的未来

最后，关于游戏行业的未来，我做出了以下一些预测，作为本书的结尾，如有不当之处，也欢迎指正。

第一，人工智能等技术的进步，使得开发的中间件[①]更为丰富，一定程

---

① 中间件是软件开发中应用到的一类软件，为开发者降低开发成本和难度，类似于工具包和插件包。

度上降低了游戏的开发成本，进而提高了游戏内容的丰富性。未来，玩家在游戏里可能无法判断自己的对手和队友到底是不是人类，当下已经有一些游戏里出现行为很像真实玩家的机器人了。此外，甚至还可能会出现机制类似于 PVP 的 PVE 游戏，游戏内的 NPC 面对一些情况时会做出自己的决策。

第二，游戏玩法会迎来大融合。"FPS+MOBA" 已经成功了，包括《守望先锋》《Apex 英雄》都是这类。不同类型的游戏融合在一起很值得期待，而 MOBA 是一个很好的中间模式，所以之后的游戏很有可能都会采用"某种模式 +MOBA"。

第三，包括 Unity 和虚幻引擎在内的通用引擎的使用率会越来越高，核心原因是通用引擎的发展速度已经超过独占引擎，而且成本并不高。更重要的是，通用引擎极大程度地降低了用人成本，如果使用自己开发的引擎，新员工入职后至少要花一两个月学习，这就耽误了很多时间。像 Riot 等很多大型游戏公司的新游戏开始采用 Unity，很多独立游戏公司也以通用引擎为主。

第四，数字游戏会成为主流。在欧美市场，虽然现在主机游戏还是以实体版为主，但未来数字游戏会成为主流，而实体游戏则会逐渐消失。

第五，订阅制和 Battle Pass 会成为未来游戏行业的重要付费模式，游戏付费模式短时间内很难再有太大的突破。付费模式突破的最大障碍在于"开箱子"的机制已经被挖掘得差不多了，而且在各个国家都有明显的法律限制，所以只能在最传统的付费模式上做优化，可能还是会出现章节付费的游戏，但不会是主流。

第六，游戏行业的工作压力会越来越大，尤其是在发达国家的游戏公司，加班是不可避免的，核心原因就是游戏的开发规模越来越大。根据最基本的人月原则[①]，一般团队都不会大规模扩大成员数量，一支开发团队在两三百人的规模几乎就会面临管理瓶颈，在这种情况下，从业者面对的整体压

---

① 指的是好的团队要提升成员每月的工作效率，而不是单纯增加团队人数，因为成本会随着开发人员数量的增加和时间的延长而提升，但进度并不会。

力会变得更大。另外，一些运用很广泛的互联网管理工具也在一定程度上给员工增加了工作强度，比如 Slack、Zoom 和 Google Docs 这类远程工具等。

第七，CRPG，甚至 RTS 等传统的游戏类型会迎来一次大复兴，原因就是包括 Steam 和 Epic 在内的 PC 游戏分发平台崛起。从《博德之门》的续作开始，这个苗头就已经非常明显了。此外，年纪稍长的玩家对传统游戏类型的喜爱也是一个重要的原因。

第八，PC 端的 MMORPG 会彻底没落，但 PC 网络游戏会以其他形式长期存在，比如以《命运 2》为代表的 MMO-Lite 类游戏，这类游戏带有 MMORPG 元素，还有类似传统 3A 游戏的外壳。

第九，电子竞技游戏市场会急速膨胀，但很难有能撼动《英雄联盟》地位的游戏。

第十，韩国游戏市场会大幅衰落，韩国游戏公司甚至可能会被来自中国和美国的游戏公司大规模收购。本土市场过小导致韩国游戏的想象空间早就遇到了瓶颈。

第十一，在中国游戏市场竞争越来越激烈的情况下，会出现大批 3A 级别的手机游戏和模仿 3A 游戏玩法的手机游戏。

第十二，南亚和东南亚市场会成为日后游戏市场的重要阵地，也是剩下的为数不多的高速增量市场。

第十三，电子游戏会成为中国重要的文化输出产品。

第十四，体感游戏会迎来高潮，甚至是现象级的高潮。

第十五，休闲市场会复兴，但很难持续，因为付费模式存在问题，而且玩家对于低成本玩游戏的诉求没有那么强。

第十六，游戏公司会针对游戏直播制定更多专门的协议，比如游戏主播需要获得专门的直播授权才可以直播游戏，普通用户购买的游戏协议不支持直播；或者是游戏公司直接把直播的权限授权给直播平台，直播平台再授权给旗下的主播。